ÊTRE AU TOP

Guide d'entraînement pour un mental d'acier

Éditions d'Organisation
1, rue Thénard
75240 Paris Cedex 05
Consultez notre site :
www.editions-organisation.com

Patrick M. GEORGES

ÊTRE AU TOP

Guide d'entraînement pour un mental d'acier

EYROLLES

Sommaire

Partie 2

Les domaines de performance et d'entraînement

Plan type de chaque chapitre

➣ Faites maintenant le bilan

➣ Les entraînements

➣ Fixez-vous des objectifs et
  mesurez vos performances

Préambule

Si vous souhaitez être parmi les meilleurs si vous souhaitez, améliorer vos compétences pour gagner des compétitions en affaires, en politique, en sport, en guerre ou en art, ce livre est pour vous. Vous y trouverez tout ce que vous n'apprendrez pas dans les grandes écoles de commerce, dans les écoles sportives de haut niveau, dans les Académies, dans les écoles d'officiers ou dans les unités d'élite.

Mais comment s'entraînent les meilleurs ? Comment utiliser à votre niveau les techniques des meilleurs managers, politiques, sportifs ou militaires ? Comment tirer profit vous-même de leurs méthodes ?

Ce livre est né de l'observation, de l'analyse de la vie quotidienne des professionnels de haut niveau dans de nombreux domaines. Après les avoir écoutés, après avoir étudié leurs défaites et leurs victoires, nous en avons tiré une série d'enseignements qui nous ont permis d'élaborer une méthode d'entraînement : la méthode Topten.

Nous nous sommes également inspirés de manuels de coaching pour dirigeants, de manuels d'entraînement des unités d'élite militaires, de conseils des grandes écoles de tennis professionnel, ainsi que de cours variés :

- des hautes écoles de commerce et des universités ;
- des écoles militaires pour officiers ;
- des forces armées spéciales ;
- de coaching politique ;
- des grandes écoles d'acteurs.

Tout d'abord, un bilan très complet, sous forme de questionnaire, vous est proposé pour mieux vous connaître ; il va vous permettre de progresser et de débloquer vos capacités.

Ensuite, des exercices et des entraînements variés, à faire seul ou avec un coach, vous permettront d'améliorer vos performances dans les domaines choisis.

Vous ne ferez vraisemblablement pas tous ces entraînements, mais seulement certains d'entre eux. Les ferez-vous avec ou sans coach ?

C'est à vous de décider. Si vos ambitions sont limitées et si le niveau de performance que vous visez est peu élevé, entraînez-vous seul ou avec des amis pour vous soutenir. Si vos qualifications dans le domaine choisi sont très bonnes, vous pourrez aussi vous passer d'un coach. Si vos finances ne vous le permettent pas, passez-vous en aussi. Il y a déjà beaucoup à faire et à apprendre sans entraîneur. Commencez par cela. Mais si vous vous prenez au jeu, si vous voulez aller plus loin, alors prenez d'abord un coach gratuit, un ami qui suit les mêmes entraînements, votre famille qui vous supporte. Si vous voulez aller au sommet de votre catégorie, alors il vous faudra un entraîneur collectif et puis, si vous êtes bon, un entraîneur personnel.

Voici la suite de bon sens en fonction de vos succès et de l'importance que vous leur donnez :

Niveau 1 : Entraînez-vous seul.

Niveau 2 : Obtenez le support de votre entourage en déclarant vos ambitions.

Niveau 3 : Trouvez-vous un partenaire d'entraînement.

Niveau 4 : Payez-vous un entraîneur collectif.

Niveau 5 : Payez-vous un entraîneur privé.

Pour réussir, vous devez savoir gérer votre temps. Nous vous proposons des plans et des tableaux de bord pour évoluer à votre rythme.

Le succès est autant une question d'organisation que de talent. Vos chances de réussite augmentent, si vous travaillez méthodiquement. Si vous voulez progresser rapidement, vous devrez :

– travailler beaucoup et longtemps ;

– affronter le stress ;

– changer agilement et sans regret ;

– gérer vos relations sans émotions ;

– consolider votre intelligence ;

– assainir vos finances et couvrir vos risques ;

- tout savoir au moment opportun ;

- vous organiser différemment ;

- planifier constamment.

Vous serez souvent démotivé et déconcentré, mais ne vous découragez pas.

Vous trouverez dans ce livre 100 entraînements pour être parmi les meilleurs 100 c'est beaucoup trop ! Comment choisir ceux qui vous faut ? En répondant aux 100 questions essentielles pour vous. Cela vous aidera à choisir.

Bon courage.

Patrick M. Georges
pgeorges@arcadis.be

Avertissement au lecteur

Être parmi les meilleurs doit rester un jeu dont il faut pouvoir sortir. On peut vivre très bien sans être parmi les meilleurs. Être parmi les meilleurs, c'est toujours temporaire. Vous n'êtes pas obligé d'être parmi les meilleurs. On peut très bien vivre sans compétition, sans combat, sans progrès constants, ... La plupart des champions ne font de la compétition qu'un temps puis retournent à la vie normale.

Une vie équilibrée comporte trois piliers : le travail, les autres et le développement personnel. Vouloir être le meilleur, c'est accepter de vivre sur un seul pilier au lieu de trois. Le candidat à la performance devra se sacrifier. Son projet, c'est à la fois son travail, sa famille et son loisir. C'est la position déséquilibrée de la personne d'une seule idée. D'où l'importance du coaching : le champion peut tomber à tout moment.

Vous ne pouvez pas tout faire, vous ne devez pas tout faire. Choisissez seulement quelques domaines qui vous intéressent, quelques questions qui vous interpellent, quelques exercices qui vous paraîtront importants. Ce livre présente une large variété d'entraînements. Personne ne les fait tous. Mais il y en a pour tout le monde. Vous trouverez certainement un sujet qui vous permettra de progresser, un exercice amusant qui vous aidera à vous sentir mieux. Que vous ayez simplement quelques ambitions ou que vous soyez déjà une vedette confirmée.

Partie 1

Comment s'entraînent les meilleurs ?

Objectifs : comment utiliser à votre niveau les techniques des meilleurs managers, politiques, sportifs ou militaires ? Comment tirer profit vous-même de ces méthodes ?

Comment construit-on un champion ?

Les meilleurs bénéficient d'abord d'un audit en profondeur, ils répondent à de nombreuses questions dans une vingtaine de domaines. Ce démontage mécanique de leur personnalité, de leur organisation, de leurs objectifs, de leurs forces et de leurs faiblesses leur permet de bâtir un plan d'entraînement en sélectionnant parmi des centaines d'exercices, ceux qui leur conviennent le mieux.

Ensuite, ils s'entraînent intellectuellement, s'organisent, s'exercent aux techniques indispensables pour réaliser les performances du domaine qu'ils ont choisi. Cet entraînement général, non spécifique, est aussi important que l'entraînement spécifique.

Et à votre niveau ? Vous pouvez faire la même chose que les élites et que les champions. Profitez de leurs techniques en les adaptant à vos ambitions, en ne faisant pas tout, en n'allant pas aussi loin, en étant plus sélectif dans le choix des exercices.

Et sans entraîneur ? Vous pouvez déjà faire beaucoup sans entraîneur ! Vous pouvez certainement être un champion local, dans la catégorie que vous aurez choisie. Vous devrez cependant vous entourer de conseillers, de supporters. Vous devrez demander l'avis d'un expert de temps en temps.

Comme une machine...

La plupart des meilleurs, hormis quelques génies, sont des machines à frapper, à travailler, à penser, à diriger, à ne pas s'émouvoir, à convaincre. Des machines de scène ou des machines politiques.

Les meilleurs ont une systématique, une méthode. Ce sont des professionnels qui ne « jouent » pas. Regardez leurs visages en compétition. Ils ne s'amusent pas, ils travaillent. Ils ne sont pas là pour participer ou pour s'amuser, ils sont là pour faire leur métier, pour appliquer à fond la technique qu'ils considèrent comme la meilleure. Ils sont disciplinés, professionnels.

Ils ont programmé dans leur tête des séries de comportements et de réactions qu'ils appliquent avec détermination, sans les remettre constamment en cause. Leur entraîneur a construit peu à peu, dans leur cerveau, une machine intelligente, une collection de systèmes experts qui répondent vite et bien aux situations les plus fréquentes auxquelles ils sont confrontés. Avec l'entraînement, l'individu devient peu à peu un super système expert avec des règles à respecter, avec l'accès à de nombreuses bases de connaissances.

... mais l'imagination fait la différence !

Les meilleurs sont entraînés pour être des machines à bien faire, à bien jouer, à bien gérer, à bien vendre, ... Mais il faut un petit quelque chose de plus pour rester au sommet : il faut une différence, une originalité, une surprise pour l'adversaire.

Le futur champion est donc cultivé. Il apprend à être imaginatif, imprévisible quand il le faut. Il s'exerce dans ce domaine : l'entraîneur lui demande de faire un dessin abstrait, de réaliser un objet harmonieux à partir d'objets trouvés, de résoudre des problèmes hors des solutions les plus évidentes.

Combien ça coûte ?

Les meilleurs investissent de manière importante dans leur projet de performance : jusqu'à 10 % de leurs revenus et 20 % de leur temps ; et cela pendant trois à cinq ans. Si vous n'êtes pas prêt à cela, organisez-vous une vie normale, ce n'est déjà pas si mal.

Soyons clairs, entrer parmi les meilleurs est difficile. Vous allez devoir faire des efforts, des sacrifices, vous priver, mais c'est temporaire. Le plaisir dont vous vous serez privé pendant quelque temps, vous le retrouverez à la fin de votre projet. Avec un peu de chance et après beaucoup d'efforts, vous le retrouverez multiplié par dix. Par votre projet, en quelques années, vous aurez déjà réussi votre vie. Vous ne devrez plus beaucoup vous en faire. Beaucoup de personnes choisissent de concentrer leurs efforts et de se priver trois à cinq ans, d'arriver ainsi parmi les meilleurs pour ensuite prendre leur plaisir et jouir du niveau qu'elles ont atteint.

La performance : quelques grands principes

Il y a des recettes pour réussir des performances. Prenons les biographies des grands, de ceux qui sont reconnus comme les meilleurs dans leur domaine. La majorité d'entre eux présentent sept caractéristiques, sept comportements communs, qui font le lit de leur performance :

- une frustration, une forte motivation de départ ;

- une, tout au plus deux, grandes idées à long terme ;

- un grand pragmatisme et un grand opportunisme à court terme ;

- une dizaine de règles simples de comportement, de principes suivis précisément ;

- beaucoup de travail et peu de place laissée à la chance ;

- une grande confiance en soi ;

- une prise de risques et des choix faits constamment et rapidement.

Oui, on peut s'entraîner à être le meilleur, travailler à être parmi les meilleurs. La chance, la génétique choisiront parmi les meilleurs celui qui sera le meilleur.

La haute performance, c'est plus simple que vous ne croyez. Au cours des exercices, vous apprendrez à simplifier votre vie, à choisir cinq à six grands principes et à oublier le reste.

La performance en affaires

Alain, homme d'affaires, a choisi avec son entraîneur de respecter scrupuleusement quelques grands principes :
- vendre en grand volume à bas prix ;
- ne jamais s'endetter ;
- investir uniquement à long terme ;
- ne pas diviser les commissions.

Pour toutes les décisions qu'il prend, il le fait sur ces grands principes simples ; et il est très performant dans son domaine !

Augmenter ses performances et son intelligence

Pour avoir une chance d'être parmi les meilleurs, il faut s'entraîner sérieusement et avec méthode dans la plupart des domaines de performance généraux.

Pour être parmi les meilleurs en affaires, en sport ou encore en politique, quatre qualités sont essentielles :

- une bonne santé physique et mentale acquise par la pratique régulière de techniques prouvées ;

- une excellente résistance au stress et à la pression ;

- un bon équilibre intérieur ;

- une bonne résistance à la fatigue et au travail de longue durée.

Pour réussir des plans ambitieux, il faut entraîner votre intelligence, votre malignité dans les domaines essentiels que sont la mémoire et la prise de décision. Vous devez acquérir :

- une bonne intelligence pour de bonnes décisions ;

- une mémoire efficace ;

- une longue attention et concentration ;

- un langage clair ;

- une prise de décision méthodique ;

- une grande vitesse de traitement de l'information.

Il faut faire votre bilan, mettre votre vie et vos ambitions à plat, par écrit, sans ombres. Il vous faut une parfaite connaissance de vous et de votre environnement. Vous devez obtenir :

- une bonne connaissance de votre situation et de vos ambitions ;

- des finances personnelles saines ;

- des relations personnelles nombreuses ;

- des contrats, des droits et des devoirs bien connus ;

- une qualité de vie protégée.

Pour atteindre un sommet, il faut l'aide de beaucoup de personnes. Il faut une équipe autour de vous. Vous devez bâtir :

- une bonne intelligence sociale ;

- une présentation et une communication soignées ;
- un leadership fort ;
- un travail en équipe organisé.

Si vous êtes un haut potentiel dans les affaires, ou dans le sport, en politique, dans l'armée, devenez votre propre entrepreneur. Pour savoir vous vendre, faire du profit, vous devez organiser :

- une bonne intelligence commerciale et entrepreneuriale ;
- une stratégie claire ;
- un plan d'affaire sérieux ;
- un marketing personnel professionnel.

On ne peut améliorer que ce qu'on peut mesurer. Plus fort vous voudrez être, plus il vous faudra d'indicateurs de performance. Vous devez calculer :

- des objectifs bien conçus ;
- des indicateurs de performance ;
- des indicateurs d'activité ;
- des tableaux de bord.

Se hisser parmi les dix meilleurs d'un domaine est difficile. Sans une forte volonté et un peu d'agressivité, vous n'arriverez à rien. Vous devez cultiver :

- une forte volonté de gagner ;
- une frustration ;
- une agressivité contrôlée ;
- une motivation.

Pour être un champion, il faut être parfaitement organisé, avoir une discipline de fer. Vous devez accepter :

–   une bonne organisation du travail ;

–   des plans de progrès écrits ;

–   des projets personnels gérés comme des projets professionnels.

La méthode Topten

C'est la méthode globale d'entraînement. Elle garanti d'augmenter les performances d'une personne dans les domaines souhaités. Elle permet d'obtenir de grandes performances, peu espérées au départ. La méthode Topten couvre les secteurs généraux à la base de toutes les performances : résistance à la fatigue, résistance au stress, travail en équipe, etc. Elle se déroule en trois temps.

Phase 1 : le diagnostic. Le **questionnaire de bilan** avant l'entraînement, aide à établir le diagnostic. Il concentre les questions à vous poser avant de vouloir changer, avant de vouloir être performant. Ces questions ne sont pas toutes faciles. Elles détectent vos faiblesses et vos forces. Y répondre peut vous prendre du temps, mais cela en vaut la peine. Vous ne serez plus le même après y avoir répondu. Le diagnostic est indispensable pour vous, et pour votre entraîneur éventuel, afin de comprendre en profondeur votre mode de fonctionnement.

Phase 2 : le traitement. Vous choisissez une série **d'exercices d'entraînement,** en fonction du diagnostic établi, pour corriger vos points faibles. Ces exercices, à faire seul ou avec votre entraîneur, rendent automatique la discipline, les nouveaux comportements. Pour faire de vous une machine à gagner, si vous le voulez vraiment.

Phase 3 : le suivi. Vous définissez vos **objectifs** et vos étapes pour créer un **plan de progrès.** Des exemples d'objectifs, des exemples de mesures de vos progrès sont proposés pour chaque domaine abordé.

Une méthode originale…

La méthode **convient à tous.** C'est un programme pour toutes les personnes qui pensent pouvoir progresser significativement mais qui font face à un milieu très compétitif : hommes d'affaires, sportifs, chirurgiens, militaires, hommes politiques, artistes, etc.

Elle a été étudié pour être facilement adaptée au débutant comme à la vedette confirmée. La méthode **pousse au réalisable** et pas plus loin. Dès le départ, il vous est demandé de fixer vos limites :

- dans le champ de la performance → être le meilleur de sa classe, de sa catégorie, de ce championnat local ;

- dans la durée de la performance → être le meilleur pour ce tournoi, pour cette année, pour ce public, contre cet adversaire ;

- du niveau de performance → être parmi les dix meilleurs, terminer avant tel temps, s'arrêter après avoir gagné autant.

La méthode prend en considération **votre performance** globale, privée et professionnelle, financière et non-financière, relationnelle et contractuelle. Elle vous aide à garder votre équilibre.

... reposant sur trois outils

- Un **questionnaire** que vous remplissez seul ou avec un coach. C'est un audit en profondeur pour une connaissance globale de votre personnalité, de votre situation, de vos relations et de vos capacités.
- Un **programme d'entraînement,** des exercices réguliers que vous effectuez seul ou avec un coach.
- Un **tableau bord** qui vous aide à assurer le suivi de vos objectifs et de vos plans.

Le rôle de votre entraîneur éventuel est de vous aider à sélectionner les entraînements les mieux adaptés à vous et à vos objectifs, révélés par vos réponses aux questionnaires.

Le programme Topten

Le programme complet dure neuf mois, avec un entraînement régulier de une fois par mois à une fois par jour, selon vos ambitions et votre niveau.

La première étape : l'audit

Un audit complet et profond, une mise à plat de votre situation financière, relationnelle, contractuelle, médicale et organisationnelle, est réalisé. Le but est d'obtenir, avant l'entraînement proprement dit, une connaissance parfaite de votre personnalité, de votre situation, de votre bilan et de votre environnement.

La deuxième étape : les objectifs et les plans

Le but est de choisir des objectifs clairs, des indicateurs de performance, nombreux et souvent mesurés. Diverses cibles sont identifiées : objectifs de qualité de vie, bilan et objectifs des réalisations, etc.

Vient ensuite l'élaboration de vos plans de progrès. Le but est d'établir une méthode, une discipline, une liste des tâches.

La troisième étape : les entraînements

Les entraînements visent à améliorer les performances. Le but est de suivre la réalisation de vos plans en vous apportant encouragements, conseils et corrections, afin de vous aider à structurer et à organiser ce que vous faites déjà spontanément. Les suivis sont organisés pour :

- développer une volonté de gagner à partir d'une frustration latente ;

- améliorer la résistance au stress ;

- mesurer les indicateurs de performance fréquemment ;

- développer la notion de jeu, etc.

Les techniques de la méthode : quelques exemples

Pour **augmenter votre résistance à la fatigue** : les techniques de nutrition, les techniques de repos, les techniques de rythme de travail et les techniques de stimulation naturelle.

Pour **augmenter votre résistance au stress** : les techniques des moines, les techniques de protection et les techniques de vie normale.

Pour **augmenter votre motivation** : les techniques de frustration, les techniques de récompenses et les techniques de soutien psychologique.

Pour **augmenter votre concentration** : les techniques d'attention et les techniques de visualisation.

Pour **augmenter votre puissance intellectuelle** : les techniques de mémoire, les techniques de langage et les techniques de prise de décision.

Pour **augmenter votre organisation personnelle** : les techniques de gestion du temps et les techniques d'environnement de travail.

Pour **augmenter la qualité de vos finances** : les techniques d'épargne et de désendettement, les techniques de budgets, les techniques des ratios et les techniques d'ingénierie patrimoniale.

Pour **augmenter la maîtrise de vos risques** : les techniques des assureurs et les techniques des contrats privés.

Pour **maîtriser votre communication** : les techniques de maintien et d'habillement, les techniques de style, d'élégance et de culture, les techniques d'acteurs et de jeu de rôle, les techniques de persuasion et d'influence et les techniques de négociation.

Pour **augmenter vos bonnes relations** : les techniques d'intelligence sociale et émotionnelle, les techniques de gestion des contacts, les techniques pour se faire des amis, les techniques de relation publique et presse et les techniques d'interview.

Pour **augmenter la qualité de vos informations** : les techniques d'analyse des besoins en information, les techniques des documents, les techniques de gestion de savoir et de base de données personnelles, les techniques d'utilisation d'assistances et d'experts, les techniques d'accès à l'information et les techniques informatiques personnelles.

Pour **augmenter votre force d'action** : les techniques d'équipe, les techniques de délégation, les techniques d'informations collectives et les techniques de projets.

Pour **augmenter vos ventes** : les techniques de vente, les techniques de marketing.

Pour **augmenter la qualité de vos plans** : les techniques des plans d'affaires, les techniques de planification, les techniques des opérations et des processus.

Pour **augmenter votre vitesse de changement** : les techniques de libération de contraintes, les techniques de mouvements.

Pour **augmenter la qualité de votre vie :** les techniques des équilibres et les techniques des limites.

Pour **améliorer la qualité de vos objectifs :** les techniques des tableaux de bord et les techniques de pilotage de performance.

Une méthode globale de prise en charge de la personne

La méthode Topten est une prise en charge globale de l'élève, qui est considéré comme un tout. L'excellence en management ne saurait être atteinte sans une grande forme physique. L'excellence en sport ne saurait être atteinte sans une grande forme mentale.

L'excellence en art ne saurait être atteinte sans une grande forme intellectuelle et ainsi de suite. Même si la faiblesse principale d'une personne est située surtout dans un domaine de performance, les domaines connexes seront entraînés.

Des principes clairs

1. Même si la performance recherchée est purement intellectuelle (affaires, politique, …), un entraînement de bonne forme physique et rentable est toujours proposé à l'élève.

2. Même si la performance recherchée est purement physique (sport, élite militaire, …), un entraînement de bonne forme intellectuelle est toujours proposé à l'élève.

3. L'élève doit répondre au questionnaire, avant l'entraînement proprement dit, même aux questions qui ne semblent pas a priori concerner directement la performance recherchée.

4. Le coach, l'instructeur ne peut pas tout faire seul. Il passe le relais de certains entraînements à des experts. Mais il reste toujours seul l'architecte, le concepteur, le responsable final de la performance de son élève.

5. L'entraînement commence du haut, du global, du non spécifique pour aller vers le bas, vers le particulier, vers le spécifique, vers la technique propre à la performance.

Un équilibre

Le secret de la méthode ? L'organisation du travail de l'élève. Il doit respecter une discipline, des règles. Le succès dépend autant de l'organisation de son travail que de son talent.

La méthode est équilibrée. D'un côté, l'élève est concentré sur une idée, sur une obsession : son projet. De l'autre côté, il est constamment ré-équilbré par une organisation de base qui couvre tous les autres domaines. Conduire un projet de haut niveau est déstabilisant, déséquilibrant, il faut un socle solide auquel l'élève pourra se raccrocher. Ce socle est l'entraînement dans les autres domaines où il ne souhaite pas de performances particulières mais seulement une bonne gestion.

Le questionnaire préalable à l'entraînement

Pourquoi commencer l'entraînement par remplir le questionnaire ? Pourquoi toutes ces questions ? D'une part, parce qu'avant de s'entraîner, il faut se connaître soi-même et en profondeur. L'élève doit se mettre à plat, s'auto-observer rationnellement, écrire sa biographie avant le changement qu'il va opérer dans sa vie. D'autre part, l'élève doit connaître parfaitement sa façon de fonctionner, de s'organiser avant de pouvoir changer. Avec les réponses aux questionnaires, il va pouvoir faire l'analyse systématique de sa personne.

Les objectifs de la méthode

Vous pouvez en attendre beaucoup. Votre objectif peut être varié : une victoire, un projet réussi, une promotion, un titre, un diplôme, arriver dans les meilleurs d'un domaine précis, un poste convoité, une récompense, un exploit, etc.

Vous faites un progrès visible et en rapport avec votre investissement. Vous maximisez vos chances d'atteindre votre objectif.

Les efforts à fournir pour suivre cet entraînement

1. Consacrer du temps. Comptez une à deux séances par mois, voire tous les jours si vos objectifs sont des plus hauts, si vous voulez faire partie de l'élite d'un domaine convoité.

2. Faire preuve de volonté, d'engagement. On n'entre pas parmi les meilleurs sans sacrifices. Certains comportements devront être changés, certaines habitudes devront être prises. Vous devrez accepter une discipline stricte et appliquer de nouvelles règles d'organisation.

3. Investir de l'argent. Payez le prix d'un bon coach. Un bon entraînement peut vous rapporter beaucoup plus que cet investissement.

Le moment propice pour faire cet entraînement

L'entraînement Topten est un complément idéal pour :

- les managers qui vont faire, qui font ou qui ont fait un Master of Business Administration ;

- les sportifs de haut niveau qui vont faire ou qui ont fait un entraînement national ou international ;

- les officiers qui vont faire ou qui ont fait une école d'État-Major ;

- les politiques qui vont entrer ou qui sont dans un cabinet ministériel, dans une assemblée nationale.

Ce programme apporte ce que le MBA n'apprend pas, ce que l'entraîneur sportif n'apprend pas.

Qui sont l'élève et l'entraîneur ?

La méthode s'adresse aux personnes qui veulent améliorer leurs performances, qui veulent être meilleures. Elle s'adresse à toutes les personnes qui veulent progresser significativement dans leur domaine, dans leur vie professionnelle ou privée ou qui veulent simplement faire carrière.

L'élève type a entre 18 et 45 ans, c'est un (e) :

- manager ou un professionnel qui suit un MBA ou un *post graduat* ;

- cadre d'entreprise identifié comme haut potentiel ;

- sportif amateur qui passe professionnel ;

- sportif dont la fédération juge qu'il a un potentiel important ;

- politique qui se lance au niveau national ou se prépare à une bataille électorale ;

- jeune officier d'une unité d'élite ;

- chirurgien qui se voit confier des opérations importantes ;

- pilote qui doit effectuer des vols difficiles ;

- une personne qui a déjà atteint un très haut niveau, mais qui ressent des signes de stress ou d'épuisement.

C'est quelqu'un qui se prépare à vivre ou qui vit dans un milieu très compétitif, stressant, dont la survie, dans ce milieu, dépend du progrès de ses performances.

L'entraîneur type est formé et certifié pour la méthode Topten. C'est une personne qui a atteint de bonnes performances mentales et intellectuelles. C'est surtout quelqu'un qui continue d'être parmi les meilleurs dans son domaine, mais qui consacre le quart ou la moitié de son temps à aider, à entraîner les autres.

La méthode Topten est adaptée à chaque élève par un coach certifié, ou réalisée seule en suivant un programme étudié pour lui.

Un élève typique

Paul, jeune manager brillant en finance, termine un MBA. Il a décidé de s'entraîner à être parmi les meilleurs de son domaine. Son premier exercice a été de remplir son livre de bord, de répondre à de nombreuses questions, de mettre sa vie à plat. Voici ses conclusions après cette première étape.

Il a dix kilos de trop et il ne se tient pas droit. Après sept heures de travail, il est déjà fatigué. Il est tellement peu dynamique qu'il passe souvent plus de deux heures par jour devant la télévision. Il fait peu de sport. Il boit en moyenne trois verres de vin par jour. Il avale un café le matin et fait un long repas à midi.

Sa santé mentale n'est pas meilleure. Il est au stade II de stress avec déjà des réveils nocturnes, une à deux nuits par semaine. Il a peu de convictions et peu de vraies motivations. Il est nerveux et souvent insatisfait.

Curieusement, il connaît mal ses finances personnelles. Il épargne trop, ne place pas tout son argent qui peut être investi. Il emprunte pour des biens qui se dégradent, comme sa voiture. Il ne sait pas dire de combien il a besoin pour vivre normalement. Il gère son argent et ses biens problème par problème.

Sa motivation à progresser n'est pas très forte. Ses objectifs, peu ambitieux, ont été vite atteints et il ne s'en est pas fixé d'autres. Ses revenus ne varient pas avec ses efforts.

> Son intelligence est bonne, surtout dans les tests de raisonnement. Par contre, son intelligence sociale est faible et ses contacts avec les autres s'en ressentent.
>
> Des cas comme celui d'Alain sont fréquents chez les managers, les politiques, les sportifs, les militaires ou les artistes. Ce sont les utilisateurs privilégiés de la méthode de ce livre.

Des élèves et des projets typiques

Armée : un élève d'une école militaire qui postule pour une unité d'élite ; un capitaine qui prend le commandement d'une unité difficile ; un agent spécial qui part à l'étranger.

Art : un jeune acteur qui veut faire carrière ; une vedette avant un film important ; un grand musicien qui croit perdre son talent.

Handicap physique : un aveugle qui veut diriger son affaire ; un paraplégique qui prépare une compétition.

Management : un élève d'une haute école de commerce qui compte être classé dans les trois meilleurs ; un cadre moyen qui veut passer cadre supérieur ; un dirigeant d'entreprise qui veut garder sa place malgré la compétition pour son poste.

Politique : un jeune candidat qui affronte ses premières élections ; un député qui se représente ; un ministre qui se sent dépassé.

Sport : une jeune joueuse de tennis qui passe professionnelle ; un champion de golf avant une saison critique ; un footballeur qui espère son transfert dans un club prestigieux.

Quelques exemples vécus

Marc, 45 ans, meilleur directeur commercial de l'entreprise A

Catégorie de performance : management, gestion d'affaires, vente.

Fonction de départ : délégué commercial.

Compétition / projet : compétition avec 12 autres managers pour une promotion.

Niveau de compétition : local, intra-entreprise.

Objectif de départ : progrès rapide de carrière dans l'entreprise.

Mesure de la performance :

1. chiffre d'affaires réalisé par l'équipe ;
2. progression des responsabilités confiées ;
3. nombre de personnes en charge.

Faiblesses de départ et domaines de performance prioritaires à entraîner :

1. résistance au stress ;
2. vente, marketing de soi ;
3. gestion du temps.

Objectifs principaux de l'élève :

1. promotion rapide dans l'entreprise ;
2. meilleure sérénité au travail ;
3. arrêt de la prise chronique d'excitants.

Entraînements particuliers ajoutés à l'entraînement global :

1. programme de résistance au stress chronique ;
2. programme de marketing et de vente de soi et de ses services ;
3. programmes d'amélioration de l'apparence et de la communication.

Résultats obtenus par le coaching : promotion de deux niveaux hiérarchiques en trois ans.

Durée de l'entraînement : 9 mois.

John, 42 ans, directeur général, promu au comité exécutif de la société B

Catégorie de performance : management, gestion d'affaires.

Fonction de départ : directeur financier.

Compétition / projet : compétition informelle organisée par des chasseurs de tête.

Niveau de compétition : international, inter-entreprise.

Objectif de départ : progrès rapide de carrière hors de son entreprise.

Mesure de la performance :

    1. salaire et avantages obtenus ;

    2. progression des responsabilités confiées ;

    3. nombre de personnes en charge.

Faiblesses de départ et domaines de performance prioritaires à entraîner :

    1. stratégie et plan d'affaire ;

    2. résistance au stress ;

    3. gestion du temps.

Objectifs principaux de l'élève :

    1. promotion internationale ;

    2. salaire et avantages doublés en cinq ans.

Entraînements particuliers ajoutés à l'entraînement global :

    1. programme de stratégie personnelle ;

    2. programme d'organisation du travail ;

    3. programmes d'amélioration de l'apparence et de la communication.

Résultats obtenus par le coaching : promotion et gestion d'une unité dix fois supérieure en chiffre d'affaires.

Durée de l'entraînement : 9 mois.

Soria, 18 ans, meilleure tennis woman de la région de P

Catégorie de performance : sport de haut niveau.

Fonction de départ : tennis amateur.

Compétition / projet : championnat de F.

Niveau de compétition : national.

Objectif de départ de l'élève : réussir dans le tennis professionnel.

Mesure de la performance :

1. classement ;

2. gains ;

3. heures d'entraînement par jour.

Faiblesses de départ et domaines de performance prioritaires à entraîner (détectés et précisés par le questionnaire) :

1. mauvaise organisation personnelle ;

2. manque de concentration ;

3. faible résistance aux défaites.

Objectifs principaux de l'élève :

1. être dans les dix meilleures de son pays dans un an ;

2. heures d'entraînement doublées ;

3. gains suffisants pour se consacrer uniquement au tennis.

Entraînements particuliers ajoutés à l'entraînement global :

1. programme de focalisation et de concentration ;

2. programme d'organisation du travail ;

3. programmes de santé physique et mentale.

Résultats obtenus par le coaching :

1. troisième du championnat de F. ;

2. sélection pour les premières rencontres internationales ;

3. le tennis comme source unique et suffisante de revenus.

Durée de l'entraînement : 18 mois.

Andréas, 27 ans, meilleur buteur et avant-centre du championnat du A

Catégorie de performance : sport de haut niveau.

Fonction de départ : football professionnel.

Compétition / projet : UEFA Champions League.

Niveau de compétition : international.

Objectif de départ : sélection dans l'équipe nationale.

Mesure de la performance :

1. buts marqués en compétition internationale ;

2. gains ;

3. nombres de sélection.

Faiblesses de départ et domaines de performance prioritaires à entraîner (détectés et précisés par le questionnaire) :

1. faible motivation ;

2. mauvaise organisation personnelle ;

3. faible force de travail.

Objectifs principaux de l'élève :

1. poste titulaire en équipe nationale ;

2. jouer 90 minutes par match ;

3. moyenne de un but par match.

Entraînements particuliers ajoutés à l'entraînement global :

1. programme de focalisation et de concentration ;

2. programme motivationnel ;

3. programmes de santé physique et mentale.

Résultats obtenus par le coaching :

1. meilleur index de presse ;

2. augmentation des sélections ;

Durée de l'entraînement : 18 mois.

D'autres exemples

Évin, 35 ans, plus jeune député élu avec autant de voix de préférence.
Au départ, faible capacité de prise de décision.

Andréa, 30 ans, auteur de six best-sellers.
Au départ, une force de travail à consolider.

Kévin, 38 ans, colonel des Marines, le plus jeune nommé à l'état-major inter-force.
Au départ, une mauvaise intelligence sociale et émotionnelle, des contacts difficiles.

Agnès, 42 ans, meilleure actrice au Festival de C. devenue réalisatrice de deux films à succès.
Au départ, pas de bonne capacité au travail en équipe, à la délégation.

Noëlle, 35 ans, fondatrice et directrice d'une petite entreprise à forte croissance et bénéfice.
Au départ, se vendait mal, communiquait mal.

Uma, 40 ans, médecin chef dans une organisation humanitaire, promue au comité directeur.
Au départ, déficience en gestion des affaires.

Frank, 29 ans, meilleur espoir et haut potentiel de la société C.
Au départ, pas assez de leadership, d'autorité, d'influence.

Anna, 35 ans, paraplégique, présidente de la société N.
Au départ, un manque de confiance en soi.

Comment tirer profit de la méthode Topten ?

Votre premier bilan d'orientation

Avant de faire votre bilan domaine par domaine, les instructeurs de la méthode Topten recommandent de faire un bilan global. Ils donnent une journée de réflexion au candidat pour répondre aux questions générales sur leur grand projet de progrès de performance, d'amélioration. Ces questions ont volontairement un caractère vague et ouvert pour que l'élève puisse s'exprimer. Allez-y, faites un premier exercice, prenez ce week-end quelques heures pour répondre à ces premières questions !

- quels sont vos objectifs ?

- quels sont vos moyens ?

- quels sont vos acquis, vos réalisations passées ?

- quels sont les obstacles éventuels à vos objectifs ?

- quels sont vos plans pour contourner ces obstacles ?

- quelles sont vos contraintes ? à qui et à quoi êtes-vous soumis ?

- quels sont vos plus mauvaises choses actuellement ? quelles sont les situations que vous voudriez changer rapidement ?

- êtes-vous en sécurité ?

- quelle est votre réputation ?

- quelles sont vos faiblesses, vos forces, vos opportunités ?

- qu'est-ce qui vous fait plaisir ?

- qu'est-ce qui vous fait mal ?

- quels ont été vos bons moments, vos bons souvenirs ? quelle est leur caractéristique commune ?

- quels ont été vos mauvais moments, vos mauvais souvenirs ? quelle est leur caractéristique commune ?

Répondez dès maintenant à ces questions simples. Vos réponses aux questionnaires qui suivent en seront facilitées.

Votre premier bénéfice ne se fera pas attendre

Faites le point sur vous, sur votre vie privée, sur votre vie professionnelle et sur votre équipe. Ce livre soulève beaucoup de questions. Vos réponses à ces questions sont indispensables pour :

- collecter toutes les informations que vous devez avoir pour changer votre vie ;

- vous situer dans votre vie privée et profession-nelle, dans votre carrière ;

- tracer votre route et prévoir votre trajectoire ;

- vous situer par rapport aux autres ;

- mieux vous connaître et mieux connaître votre équipe ;

- vous valoriser sur le marché.

Quand vous aurez rempli ces questionnaires, vous saurez :

- qui vous êtes vraiment ;

- qui est vraiment votre équipe ;

- où vous allez ;

- quel est votre vrai métier.

Quand vous aurez répondu à ces questions, vous ne serez déjà plus le même !

Les trois règles d'or

Mesurez précisément **vos progrès**. On ne peut pas améliorer ce qu'on ne peut pas mesurer. On court les 100 mètres en moins de 10 secondes parce qu'on chro-nomètre. Vous serez parmi les meilleurs de votre catégorie, si vous mesurez de nombreux indicateurs, fréquemment et précisément.

Choisissez le **bon terrain.** Vous voulez être le meilleur en quoi ? Faites un choix précis sur la base de votre passé, de vos réalisations antérieures, de vos forces. Focalisez-vous sur une seule compétition.

Choisissez les **bons adversaires.** On court plus vite en compétition qu'à l'entraînement. Créez-vous des adversaires s'ils ne se manifestent pas spontanément. Choisissez bien votre niveau de compétition pour rencontrer des adversaires juste un peu plus forts que vous, mais pas trop, pour pouvoir progresser.

Votre livre de bord

Vous êtes le capitaine de votre vie. Tous les capitaines ont un livre de bord. C'est un cahier que vous devez tenir religieusement. Imprimer votre livre de bord vous-même. Voici comment font la plupart des élèves :

- notez toutes les questions du livre auxquelles vous avez pu répondre, qui vous ont interpellé ;

- notez vos réponses à ces questions, cette année ;

- notez vos réponses à ces mêmes questions dans trois mois pour suivre votre évolution ;

- notez les entraînements que vous avez choisis de pratiquer ;

- notez les indicateurs que vous avez choisis et leurs valeurs au fur et à mesure qu'elles évoluent ;

- notez vos plans et la suite des actions que vous avez décidées de mener ;

- notez, semaine après semaine, les faits importants de vos progrès.

Votre livre de bord doit contenir les plans suivants :

- un **plan de santé,** à activer dès les premiers signes de stress.

- un **plan de qualité de vie,** pour augmenter progressivement votre qualité de vie.

- un **plan financier,** pour maintenir ou améliorer les indicateurs financiers que vous considérez comme importants.

- un **plan de relation,** un agenda pour améliorer certaines de vos relations critiques pour votre évolution et pour éliminer les relations néfastes.

- un **plan de contrat,** pour signer ou pour négocier l'un ou l'autre contrat ou point de règlements qui vous concerne.

- un **plan de réalisation,** pour suivre une route plus ou moins bien définie et réaliser quelque chose de tangible, acquérir un titre, réaliser une œuvre.

- un **plan marketing,** pour augmenter vos chances de vendre quelque chose, pour vous faire connaître, pour exercer votre influence.

- un **plan d'affaire,** pour planifier de faire un profit, de tirer un bénéfice d'un projet.

- un **plan stratégique,** pour vous projeter dans le futur et vous différencier, faire carrière.

- un **plan d'organisation,** pour avoir une idée précise de l'organisation du travail idéale et pour suivre une route claire pour l'atteindre.

Pour chacun de ces plans, écrivez-en une page :

- quel est l'objectif de votre plan ?
- quels sont ses indicateurs de réussite ?
- qu'est-ce que les gens constateront si ce plan aboutit ?
- quels sont les moyens précis que vous allez mettre à disposition de ce plan ?
- quelles sont les principales étapes de ce plan ?

Pourquoi un livre de bord ?

Ce livre de bord vous aide à faire votre bilan, à fixer vos objectifs, à planifier votre route. Il vous aide à obtenir les réponses à toutes les questions que vous devez poser, soit à vous-même, soit à votre équipe, soit à votre entreprise, soit à vos consultants. L'objectif du livre de bord est de vous aider à collecter l'information qui vous permettra naturellement de développer votre intelligence de la vie, qu'elle soit privée ou professionnelle. Vous saurez mieux vous gérer et mieux gérer votre équipe.

Comment utiliser votre livre de bord ?

Répondez maintenant aux questions de la partie 2 de ce livre le plus complètement et le plus précisément possible.

Répondez d'abord seul, puis avec l'aide de votre équipe, puis avec l'aide de vos conseillers.

Relisez votre livre de bord et remplissez-le un jour par an, le 23 décembre, une heure par trimestre le dernier jour du trimestre et dix minutes par semaine, le samedi matin.

Bonne chance !

Les domaines de performance et d'entraînement

Objectif : mise en application de la méthode Topten pour augmenter vos performances dans les domaines souhaités.

Augmenter votre résistance à la fatigue et votre force de travail

Être au sommet implique une très grande force de travail : douze à seize heures par jour, c'est le régime des grands sportifs, des grands politiques ou des grands managers.

Si vous avez une faible résistance à l'effort, si vous ne tenez pas douze heures de travail sans vous fatiguer, si vous ne pouvez pas soutenir une longue attention sans faiblir, vous aurez moins de chance d'être parmi les meilleurs de votre catégorie.

Pour devenir le meilleur, augmentez votre force de travail et votre temps de travail. Soyez plus disponible pour votre projet. Vous pouvez le faire de nombreuses manières :

- en travaillant plus longtemps ;

- en dormant moins et mieux ;

- en mangeant moins, en buvant moins d'alcool ;

- en faisant de courtes siestes ;

- en prenant des stimulants (café, médicaments, etc.) ;
- en commençant par ce qui est difficile ;
- en programmant des choses faciles ou stimulantes (réunions, discours, interview, etc.) durant les périodes de fatigue ;
- en faisant 20 minutes de gymnastique spéciale deux à trois fois par jour.

Dans la méthode Topten, vous êtes testé dans ce domaine par votre instructeur. Si les résultats sont mauvais, il vous fait pratiquer des techniques de résistance à la fatigue physique. Si, après l'entraînement, votre force de travail n'a pas augmenté, l'instructeur vous demandera simplement de fixer des objectifs de performance à des niveaux plus bas.

L'entraînement, même à une performance purement intellectuelle, commence toujours par un bilan de santé pour vérifier si vous n'avez pas une faiblesse cachée et, si c'est le cas, pour en tenir compte. Certains problèmes de santé commencent jeune et sont peu symptomatiques pendant de nombreuses années. Un effort important va vous être demandé, c'est pourquoi vous devez être conscient de vos faiblesses physiques.

Adoptez une nutrition équilibrée en adéquation avec les performances visées :

- mangez mieux, plus équilibré ;
- ne mangez pas trop, respectez votre poids de forme ;
- modérez votre consommation de café, de thé et d'alcool.

L'entraîneur vous explique la relation entre ces pratiques et vos performances. Il vous apprend quels sont les cinq ou six médicaments que des personnes bien portantes peuvent utiliser temporairement, sans risque, pour augmenter leurs performances sans se doper.

Vous devez trouver le rythme de sommeil qui vous convient. L'entraîneur organise des périodes d'essais de différents types d'horaires de sommeil et compare les résultats en termes de performances améliorées ou non le jour suivant. L'entraîneur organise le *check in* et le *check out* de votre sommeil. Il s'assure que vous allez bien organiser la demi-heure avant et la demi-heure après votre sommeil. Il vérifie les conditions physiques de l'endroit où vous dormiez pour détecter les défauts, comme le bruit, la mauvaise aération, le mauvais éclairage.

Pour maximiser votre résistance à la fatigue, l'entraîneur vous incite à débuter la journée par les tâches difficiles et ennuyeuses et à la terminer par des tâches plus faciles et plus stimulantes. Les exercices physiques et les boissons stimulantes sont utilisés quand la fatigue augmente. Des boissons et des exercices calmants sont utilisés en cas de surexcitation.

Faites maintenant le bilan de votre forme physique

Êtes-vous en bonne santé, en bonne forme par rapport à ce que vous devriez être à votre âge ? Cette question est importante car, pour être performant, vous devez être en excellente forme physique et mentale. À qui devez-vous poser ces questions ? À vous-même ou à votre médecin si vous n'avez pas la réponse vous-même. À un psychologue ou à un neurologue, si vous n'avez toujours pas la réponse de votre médecin de famille.

Votre poids est-il normal ?
Quelle est son évolution récente ?

Un excès de poids peut diminuer votre dynamisme et augmenter vos risques de maladie. Si, par rapport à votre poids de base, vous vous mettez à grossir ou à maigrir, il faut en déterminer la cause.

Votre réponse :

- mon poids est actuellement de ...... kg. Il était de ...... kg, il y a un an.

Avez-vous une maladie latente ou
une anomalie dans vos examens biologiques ?

Être parmi les meilleurs est une occupation très lourde. Demandez à votre médecin quels sont vos risques, en cas de déplacements fréquents, d'énervement ou de longues journées de travail.

Votre réponse :

- je suis sujet à ...... Les anomalies constatées par le passé sont ......

Combien avez-vous dépensé en soins de santé, pour vous et
pour votre famille, au cours des douze dernières mois ?

Si vos frais de santé augmentent, c'est que votre santé se fragilise. Ce n'est peut-être pas le moment de commencer ces entraînements.

Votre réponse :

■ j'ai dépensé ...... euros en soins de santé au cours des douze derniers mois. Soit un changement de ...... % par rapport au passé récent.

Combien de minutes d'exercice physique faites-vous chaque jour ?

Quinze minutes d'exercices physiques, de préférence juste après la journée de travail, sont nécessaires tous les jours pour compenser l'activité mentale.

Votre réponse :

■ je fais régulièrement ...... minutes d'exercices physiques par jour.

Avez-vous un aspect physique, un maintien attirant ?

Un aspect physique attirant peut être un atout dans un monde de compétition.

Votre réponse :

....

....

Avez-vous des sensations de faim durant la journée ?

Si vous êtes en hypoglycémie, votre humeur et votre productivité peuvent varier de façon significative. Évitez l'hypoglycémie en prenant un bon petit-déjeuner.

Votre réponse :

Jamais	Parfois	Souvent	Toujours

*Quelles sont vos habitudes alimentaires pour faire face
à un travail intellectuel important ?*

Si vous avez un déséquilibre alimentaire, si vous
mangez mal, si votre prise alimentaire est plus élevée
l'après-midi que le matin, …, vous risquez d'être fatigué, en hypoglycémie ou en manque d'oligo-
éléments. Si vous avez un doute, consultez un nutri-
tionniste.

Votre réponse :

- je fais attention à manger et à boire de la façon suivante ……

*Avez-vous organisé strictement votre sommeil
(horaires, préparation du sommeil, …) ?*

Un sommeil bien organisé, très régulier, garantit une
bonne journée de travail.

Votre réponse :

- j'ai pris les habitudes suivantes pour me garantir
un bon sommeil ……

*Quel est l'endroit, le bureau où vous vous sentez
le plus productif ? Combien d'heures y passez-vous
en moyenne chaque jour ou chaque semaine ?*

Pour augmenter votre productivité, il faut bien organiser votre endroit de travail et y passer le plus de
temps possible.

Votre réponse :

- l'endroit où je me sens le plus productif est …… J'y
passe en moyenne …… heures par semaine.

Avez-vous des insomnies, un mauvais sommeil ?

Un mauvais sommeil est un problème à régler avant de vous embarquer dans un changement significatif.

Votre réponse :

....

....

Comment planifiez-vous vos tâches dans la journée pour garder votre énergie ?

En organisant différemment la succession de vos activités durant la journée, vous pouvez augmenter votre énergie au travail sans inconfort majeur.

Votre réponse :

....

....

Les entraînements

Voici quelques exemples qui illustrent la manière dont vous pouvez vous entraîner à mieux résister à la fatigue.

Entraînement 1 – Limitation de prise de drogues

À long terme, les drogues sont plus néfastes qu'utiles, quelle que soit la performance recherchée.

Entraînez-vous à ne prendre aucun alcool pendant trois semaines pour tester votre dépendance à ce qui est la drogue légère la plus fréquemment utilisée.

Entraînement 2 – Diminution du temps de sommeil

Certaines personnes ont besoin d'une heure de plus de travail par jour pendant un projet important. Elles apprennent à dormir temporairement une heure de moins par nuit pendant cette période, pour mettre cette heure récupérée au sommeil au service de leurs ambitions. Beaucoup réussissent bien cet exercice et gagnent de nombreuses heures pour leur projet.

Comment y arriver sans souffrir ? Mettez votre réveil dix minutes plus tôt que d'habitude et cela tous les deux jours pendant 12 jours. Au bout de ces 12 jours, vous vous réveillerez une heure plus tôt en aussi bonne forme qu'avant.

Cette technique, utilisée durant le temps d'une compétition ou le temps de finir un travail important (élection, vente importante, projet crucial, etc.), est très efficace.

Entraînement 3 – Organiser une sieste

Plusieurs études prouvent qu'une sieste bien organisée, d'une demi-heure environ, peut remettre à niveau des facultés d'attention dégradées par une demi-journée de travail.

Apprenez à prendre de vraies périodes de repos, courtes et réparatrices, pendant la journée. Entraînez-vous à faire de courtes siestes de 20 à 30 minutes, bien réparties et organisées. Cette pratique permet de restaurer vos capacités d'attention et de concentration au cours d'un long effort.

Entraînement 4 – Organiser son sommeil

Le cerveau doit être préparé au sommeil ou à la journée de travail.

Organisez votre chambre et votre sommeil. Entraînez-vous à dormir le même nombre d'heures chaque nuit, en gardant le même horaire même pendant le week-end. Ritualisez 20 minutes qui précèdent et qui suivent votre sommeil pour préparer votre corps au changement d'activité.

Entraînement 5 – Utilisation de stimulants

Les stimulants ont un bénéfice sur la sensation de fatigue, mais leur usage doit être contrôlé et limité à un effort intellectuel exceptionnel, comme pour un pilote, un chirurgien, un politicien, un militaire, …, face à une situation rare, difficile ou urgente.

> *Entraînez-vous à utiliser exceptionnellement et très temporairement des stimulants (café, aliments spéciaux, médicaments, etc.) sans développer de dépendance vis-à-vis d'eux.*

Entraînement 6 – Résister au décalage horaire

Une personne non entraînée met un jour par heure de décalage pour retrouver ses fonctions mentales normales. Une personne bien entraînée mettra trois fois moins de temps.

> *Apprenez à mieux supporter le décalage horaire. Les techniques sont celles des bains de lumière, de la prise de mélatonine, des stimulants, etc.*

Entraînement 7 – Rester à son poids idéal

Une personne en sur ou en sous-poids pourrait souffrir de fatigue prématurée à l'effort.

> *Après avoir décidé de votre poids idéal, un programme alimentaire et d'exercices sera mis en place pour que vous l'atteigniez et le conserviez.*

Entraînement 8 – Organiser sa nutrition

La prise de calories et de sucre doit être plus importante avant l'effort qu'après.

> *Apprenez à composer et à choisir un repas. Prenez plus de calories et de sucres lents avant la journée de travail qu'après : solide petit-déjeuner, déjeuner équilibré, dîner léger.*

Entraînement 9 – Optimiser son aspect physique

Un aspect physique droit et mince fait souvent préjuger d'une haute qualité personnelle.

> *Si vos objectifs réclament une excellente apparence physique, votre entraî- neur mettra au point un programme de gymnastique pour vous aider à obtenir un ventre plat et un maintien droit.*

Entraînement 10 – Éliminer la tension nerveuse après le travail

Une journée de travail provoque des tensions musculaires.

Programmez entre 15 et 45 minutes de gymnastique à la fin de chaque journée de travail.

Entraînement 11 – Répartir les tâches dans la journée

La répartition des tâches est importante pour conserver son énergie au cours de la journée.

Apprenez à bien répartir vos activités dans la journée. Programmez celles qui demandent une bonne mémoire à court terme (résolution de problèmes, prise de décisions, rédaction de rapports) plutôt le matin, quand vous êtes en forme. Programmez les tâches plus excitantes (réunions, présentations, visites, etc.) plutôt l'après-midi, quand vous êtes fatigué.

Entraînement 12 – Organiser sa place de travail idéale

La productivité augmente de 20 à 30 %, si la place de travail est bien organisée.

Choisissez et organisez une place de travail spéciale, où vous êtes le plus productif. Une fois cette place choisie, bien organisée et bien équipée, efforcez-vous d'y passer de plus en plus de temps. En fin d'entraînement, vous devriez arriver à occuper votre type de poste de travail idéal plus de 50 % de temps qu'avant.

Dans la méthode Topten, il y a de nombreuses autres possibilités d'entraînements et d'exercices qui peuvent augmenter la force et la productivité de travail. À votre entraîneur de vous aider à choisir en fonction de votre expérience et de vos besoins.

Fixez-vous des objectifs et mesurez vos performances

Fixez-vous comme objectifs une ou deux performances parmi les propositions suivantes :

- atteindre mon poids idéal en six mois ;

- rentrer chez moi, après une journée de travail, sans être épuisé et avec assez d'énergie pour ne pas accepter des loisirs passifs (télévision), avec assez d'énergie pour organiser des loisirs actifs (sorties) ;

- travailler sans diminution de qualité au moins 16 heures par jour, au moins une fois par semaine et 12 heures les autres jours ;

- travailler tout un week-end, en plus de la semaine, au moins une fois par trimestre, s'il le faut.

Suivez les indicateurs suivants pour mesurer l'augmentation de votre force de travail :

- nombres d'heures réellement travaillées, en moyenne par jour ;

- nombres d'heures réellement travaillées en moyenne par semaine ;

- nombres d'heures réellement travaillées le week-end.

Vos plans de progès

Votre plan pour atteindre votre poids idéal. Notez vos trois premières actions :

1 ....
....

2 ....
....

3 ....
....

Votre plan pour dormir 8 heures d'affilée par nuit, sans insomnie. Notez vos trois premières actions :

1 ....

....

2 ....

....

3 ....

....

Votre plan pour corriger vos éventuelles faiblesses médicales. Notez vos trois premières actions :

1 ....

....

2 ....

....

3 ....

....

Votre plan pour augmenter votre force physique. Notez vos trois premières actions :

1 ....

....

2 ....

....

3 ....

....

Votre plan pour contrôler votre prise de calmants , de vin et de stimulants. Notez vos trois premières actions :

1 ....

....

2..

....

3..

....

Votre plan pour augmenter votre nombre d'heures à la place de travail où vous êtes le plus productif. Notez vos trois premières actions :

1..

....

2..

....

3..

....

Augmenter votre résistance au stress et votre force mentale

Une personne qui a des ambitions doit avoir une solide pratique de résistance à la pression et à la surcharge de travail. Elle doit en maîtriser au moins deux ou trois techniques.

Si vous entrez en compétition, si vous voulez être parmi les dix meilleurs dans votre domaine ou dans votre région, alors votre stress va sûrement augmenter. La compétition et la performance entraînent toujours plus de stress ; trop de stress rend idiot.

Choisissez deux ou trois outils qui vous conviennent parmi les techniques favorites des chefs d'entreprise, des grands sportifs ou des politiques.

Les techniques des **protections externes** : la personne se met momentanément à l'abri des stimulations, des nouvelles, …, en évitant ou en ralentissant les contacts et les flux d'informations.

Les techniques des **filtres internes** : les principes et les certitudes internes apprises par la personne la protégent du stress en lui simplifiant ses décisions.

Les techniques de **distraction** : c'est en distrayant la personne de ses problèmes par des activités plus simples et plus certaines que ces techniques luttent contre le stress et renforcent le mental.

Faites maintenant le bilan de votre force mentale

Avez-vous des habitudes que vous ne pourriez pas arrêter pendant au moins trois semaines sans inconfort : boire du vin ou de la bière, boire du café ou du thé, fumer, courir, … ?

Tout comportement ou toute prise de molécules externes dont vous n'êtes plus maître, dont vous êtes dépendant, doit être considéré comme une addiction. Si vous avez un doute, faites l'essai d'arrêter le comportement suspect durant trois semaines. Si vous vivez bien sans, ce comportement est une simple habitude. Si vous ne pouvez pas arrêter trois semaines, vous souffrez sans doute d'une vraie dépendance.

Votre réponse :

■ j'ai les addictions, les comportements répétitifs suivants ……

Ressentez-vous certains signes de stress ?
Ces signes augmentent-ils ?

Un stress trop important peut diminuer l'intelligence, la mémoire, le jugement.

Vos réponses :

	Maintenant	Il y a 6 mois
Difficultés d'endormissement		
Insomnie		
Réveil avant l'heure		
Changements rapides et imprévisibles d'humeur		
Dépression		
Anxiété		
Douleurs gastriques		
Addictions		
Prise d'alcool régulière		

Évaluez ces signes de 1 à 5.

1. jamais.

2. rarement.

3. quelquefois.

4. souvent.

5. constamment.

Prenez-vous parfois des médicaments qui peuvent influencer votre système nerveux ? Cette consommation augmente-t-elle par rapport à il y a un an ?

Si votre consommation de ce type de médicaments commence ou augmente, il faut vous poser des questions, quant à ses raisons.

Vos réponses :

Je prends des somnifères / anxiolytiques / antidépresseurs	
Jamais	
Rarement	
Parfois	
Souvent	
Toujours	

*Quel est le niveau d'incertitude de votre emploi ou
de votre situation ? Êtes-vous payé à la performance ?
Avez-vous plusieurs chefs ?
Avez-vous de nombreux subordonnés directs ?
Avez-vous plus de responsabilité que d'autonomie ?*

Toutes ces situations augmentent le stress. Plus l'incertitude dans votre environnement et dans votre emploi augmente, plus vous risquez de ressentir du stress et de voir diminuer vos performances.

Vos réponses :

Mon emploi, ma situation est :	
Tout à fait certain (e)	
Quelquefois incertain (e)	
Souvent incertain (e)	
Très incertain (e)	

*Avez-vous les moyens de vous protéger des interruptions
(répondeur téléphonique, bureau porte fermée, etc.),
de travailler chez vous, de limiter vos contacts
selon vos besoins,… ?*

Si vous ne pouvez pas vous protéger des interruptions, votre stress va augmenter.

Vos réponses :

Je peux me protéger des interruptions dans mon travail :	
Toujours	
Souvent	
Rarement	
Jamais	

Utilisez-vous des méthodes de maintien de santé mentale ?

Parmi ces méthodes, on trouve des pratiques religieuses, des séances de psychiatrie ou de psychologie, des pratiques de méditation, sophrologie ou spiritualité, des lectures philosophiques, les thérapies familiales ou de groupe, le repos régulier pendant la journée, la protection des interruptions, des techniques de concentration, des limitations de contacts aux personnes essentielles. Ces pratiques assurent un support en cas de stress et de fatigue mentale.

Vos réponses :

J'utilise des méthodes de maintien de santé mentale :	
Toujours	
Souvent	
Quelquefois	
Rarement	
Jamais	

Vous venez de répondre à beaucoup de questions essentielles pour évaluer votre capacité à vous hisser parmi les meilleurs, grâce à votre résistance au stress.

Pas satisfait par la réalité ? Alors, prévoyez un entraînement !

Les entraînements les plus utilisés

Entraînement 1 – Agir à chaque intention

Penser sans agir est la cause principale de l'angoisse humaine.

Entraînez-vous à prendre une décision rapide pour chaque intention éprouvée, pour chaque message reçu, en moins d'une minute. Considérez que pour chaque décision, vous avez seulement quatre choix : éliminer, transmettre, remettre à plus tard, faire aujourd'hui.

Entraînement 2 – Un rendez-vous avec soi chaque jour

Cette technique est bien connue comme méthode anti-stress.

Durant cet entraînement, prenez rendez-vous avec vous-même tous les jours, à heure fixe, pendant 20 minutes de pause complète. Cette pause est couplée à un rituel : boire une tasse de thé ou de café, faire une sieste, lire un roman, écouter de la musique, etc., selon votre préférence.

Entraînement 3 – Avoir une philosophie

Cet entraînement est destiné à vous donner une hauteur de vue sur vos soucis quotidiens.

Tous les matins, vous lisez pendant dix minutes des textes philosophiques. Choisissez avec votre entraîneur des livres de sagesse pratique.

Entraînement 4 – Rien de spécial

Souvent, nous sommes tentés d'étonner les autres en leur racontant ce qui nous arrive, ce que nous avons fait. Inconsciemment, nous voulons nous rendre intéressants. Mais, de ce fait, nous nous auto-excitons, nous augmentons artificiellement notre propre stress.

Apprenez à répondre « rien de spécial » à toute demande qui pourrait provoquer un « auto-allumage » de vos émotions.

Entraînement 5 – Renoncer en cas de surcharge trop importante

Diminuer temporairement sa charge de travail est souvent la seule solution pour diminuer le stress.

Pour lutter contre la surcharge de travail, apprenez à renoncer à des responsabilités, à des projets ou à des activités non essentielles.

Entraînement 6 – Ralentir en cas de stress

La vitesse du flux d'information est l'une des principales causes de surcharge de travail.

Apprenez, en cas de stress important, à ralentir votre pensée, vos actions, à faire tout un peu plus lentement. Ceci favorise le retour au calme.

Entraînement 7 – Réduire vos contacts

Le grand nombre de contacts avec des personnes différentes est une cause importante de stress.

Exercez-vous à limiter vos contacts et vos sources d'émotion à volonté. Apprenez à passer de la communication orale à la communication écrite. Apprenez à gérer à distance, à réduire votre entourage immédiat à deux ou trois personnes seulement.

Entraînement 8 – Réduire son champ de conscience

Réduire et élargir son champ de conscience à volonté est l'une des meilleures techniques de gestion du stress.

Apprenez à rétrécir ou à élargir votre champ de conscience à volonté. Pour ne voir que ce qui est à faire maintenant. Pour ne vous occuper que de la balle en jeu ou de la personne qui parle en ce moment. Ou, au contraire, apprenez à élargir votre champ de vision, à vous placer sur un nuage et à agir, comme si vous deviez vivre mille ans, comme si vous survoliez votre monde en hélicoptère.

Entraînement 9 – Se distancier à volonté

Cet exercice est utile pour reprendre son souffle, pour prendre du recul, de la distance. Si la vie vous dépasse par instants, si vous avez l'impression de ne plus piloter, de ne plus être aux commandes.

Apprenez à dédramatiser, à observer les choses telles qu'elles sont et non pas telles que vous les percevez. Apprenez à vous en tenir aux faits, à les décrire et à ne pas constamment interpréter les choses. L'entraîneur vous apprend à être le simple spectateur de votre vie.

Entraînement 10 – Décider sans hésiter

La vie, les projets sont pleins de contradictions, de non-sens. Si vous vous bloquez quand vous vous trouvez face une contradiction, face à une demande de faire tout et son contraire, vous produisez plus de stress que de performance.

L'entraîneur vous apprend à faire des choix sans tout savoir, à tenter votre chance, à prendre un risque calculé, à surpasser les contradictions.

Entraînement 11 – Organiser des distractions

Organiser une activité fortement distrayante est un moyen fréquemment utilisé par les personnes de haut niveau pour augmenter leur résistance au stress.

Entraînez-vous à construire des pensées et à pratiquer des activités fortement distrayantes, qui vous éloignent momentanément de vos soucis : activités sportives, sexuelles ou aventureuses. Votre entraîneur peut vous conseiller pour organiser des activités prenantes comme des voyages difficiles ou comme apporter de l'aide à des populations déshéritées, etc.

Entraînement 12 – Penser positivement

La majorité des personnes de haut niveau ont une idée positive de la vie.

La pensée positive est entraînée. Apprenez que, s'il n'y a pas de solutions, il n'y a pas de problèmes.

Pour toutes ces techniques, c'est surtout la pratique régulière qui compte. Deux fois 20 minutes de pratique tous les jours sont nécessaires pour obtenir des résultats. Quelle que soit la technique retenue, c'est la fréquente répétition qui compte pour que vous puissiez l'intégrer et l'utiliser quasi automatiquement. Votre coach vous y aidera au début.

Fixez-vous des objectifs et mesurez vos progrès

L'entraîneur vous aide à fixer vos objectifs, qu'il évalue régulièrement avec vous. Par exemple :

- pratiquer l'*entraînement 3* de résistance au stress, jusqu'à obtenir un sommeil sans réveils nocturnes ;

- pratiquer l'*entraînement 6* de résistance au stress, pour retrouver mon calme et ma sérénité ;

- pratiquer l'*entraînement 11* de résistance au stress, jusqu'à disparition de l'irritabilité ;

- pratiquer l'*entraînement 12* de résistance au stress, jusqu'à une réduction de mes addictions (vin, tabac, etc.).

D'autres exemples d'objectifs peuvent vous être proposés. Voici les plus souvent choisis :

- diminuer de moitié ma prise d'alcool ;

- arrêter toute prise de médicaments psychotropes ;

- passer un week-end complet sans penser au travail ;

- travailler toute une journée en maîtrisant parfaitement mes émotions.

Quelques exemples d'indicateurs de performance choisis régulièrement par les meilleurs :

- diminution de votre besoin d'anxiolytiques (alcool, télévision, agressivité) ;

- diminution du nombre de nuits avec réveils nocturnes ;
- augmentation du nombre de tâches réussies et de décisions prises sans émotions disproportionnées ;
- diminution du nombre de retours en arrière de votre pensée (ressassement, regret de choses irréversibles) ;
- diminution du nombre de références au passé dans votre discours ;
- diminution du nombre de plaintes et de justifications dans votre discours quotidien ;
- augmentation du nombre de sourires et de rires par jour ;
- diminution du nombre d'accès d'humeur par semaine.

Vos plans anti-stress

Votre plan de reprise de contrôle de vos entrées d'informations et de vos contacts. Notez vos trois premières actions :

1 ....
....

2 ....
....

3 ....
....

Votre plan de fixation de vos principes, de vos limites. Notez vos trois premières actions :

1 ....
....

2 ....
....

3 ....
....

Vos plans de « fortification » de vos loisirs et de vos distractions. Notez vos trois premières actions :

1 ....
....

2 ....
....

3 ....
....

Augmenter
votre motivation

Même les plus intelligents et les plus forts n'arrivent à rien sans motivation. Si une personne de haut niveau est déprimée ou angoissée, elle n'atteindra pas son objectif. La motivation des meilleurs doit être entraînée.

Pour être parmi les meilleurs, il faut une frustration au départ. L'entraîneur va maintenir la frustration de l'élève au bon niveau, ni trop, ni trop peu. L'historique des meilleurs montre souvent dans leur enfance ou dans leur adolescence, une frustration : avoir été pauvre parmi les riches, faible parmi les forts, méconnu parmi les connus, impuissant parmi les puissants, insipide parmi les originaux. Ce qui leur donne la volonté, c'est une revanche, consciente ou inconsciente.

Dans la méthode Topten, seules les techniques de motivation qui ont fait leurs preuves chez les personnes en bonne santé et qui recherchent uniquement une plus haute performance sont utilisées. L'écoute active, la reformulation et le questionnement proactifs sont couramment pratiqués par les entraîneurs.

Si vous êtes déprimé ou angoissé et s'il en a l'expertise, l'entraîneur pourra utiliser des techniques de support psychologique ou de psychothérapie légère. Félicitations, encouragements, récompenses, sanctions, incitations sont souvent utilisés. Mais, si une technique plus incisive s'avère nécessaire, l'entraîneur vous adressera à un psychologue spécialisé.

Faites maintenant le bilan de vos motivations

Qu'est-ce qui vous motive actuellement dans la vie ?

Vos motivations peuvent varier avec le temps, mais, à un moment donné de votre existence, il faut choisir entre des directions différentes pour vos efforts.

Selon ce qui me motive le plus, je distribue un total de 10 points de la façon suivante entre ces quatre motivations classiques :

- argent : …… points ;

- pouvoir, responsabilité : …… points ;

- reconnaissance, célébrité : …… points ;

- confort, qualité de vie : …… points.

Quelles ont été vos plus grandes frustrations, vos plus grands manques dans votre jeunesse ?

Les vraies motivations trouvent souvent leur source dans des frustrations de jeunesse.

Votre réponse :

- la frustration qui me motive le plus est……

*Quelles sont les sanctions, les punitions que
vous craignez le plus ?*

Les réponses à cette question permettent aux entraîneurs de mieux connaître les motivations de leurs élèves.

Votre réponse :

- la punition que je crains le plus est……

*Quels sont les succès, les récompenses qui vous feraient
le plus plaisir ?*

Les réponses à cette question permettent aux entraîneurs de mieux connaître ce qui fait bouger l'élève.

Votre réponse :

- la récompense qui me ferait le plus plaisir est……

*Quels sont les événements qui vous motiveraient
le plus à faire un effort important ?*

L'analyse professionnelle des réponses à ce type de question permet de découvrir les réelles motivations des personnes.

Votre réponse :

………………………………………………………………

*Quels sont les soutiens psychologiques dont
vous avez déjà bénéficié ? Par qui ? Par quelle méthode ?
Avec quel résultat ?*

L'entraîneur doit savoir ce qui a marché et ce qui n'a pas marché chez vous.

Votre réponse :

………………………………………………………………

Citez trois personnes connues que vous pourriez prendre comme modèle de succès, de réussite, de performance.

La réponse permet de mieux connaître ce que vous appelez le « succès ». Ce qui vous pousserait à faire des efforts importants.

Votre réponse :

....

Précisez vos trois plus grands succès, vos trois plus grandes victoires jusqu'à présent.

Savoir ce que vous considérez comme un succès dans votre propre passé permet de mieux déterminer ce qui vous motive.

Votre réponse :

....

Précisez vos trois plus grands échecs, vos trois plus grandes défaites jusqu'à présent.

Savoir ce que vous considérez comme un échec dans votre propre passé permet de mieux déterminer ce qui vous motive.

Votre réponse :

....

 # Les entraînements

Voici quelques exemples d'exercices que vous pouvez pratiquer.

Entraînement 1 – Côtoyer les meilleurs

On est souvent motivé à atteindre le niveau des personnes qui nous entoure, s'il est légèrement plus élevé que le nôtre.

Les meilleurs s'entraînent à l'agressivité en cultivant leur frustration de départ. Par exemple, en côtoyant des personnes qui sont mieux qu'eux. L'instructeur doit contrôler cette stimulation : si vous côtoyez des individus nettement supérieurs, vous risquez de vous décourager.

Entraînement 2 – Prévoir des petites étapes faciles à atteindre

Le succès entraîne le succès.

L'instructeur organise et planifie régulièrement des petits succès, des petites victoires successives. Il fixe la barre progressivement plus haut, mais pas trop haut.

Entraînement 3 – Choisir des récompenses adaptées

Les récompenses varient en fonction des objectifs de chacun. L'instructeur doit vous connaître pour savoir dans quelle monnaie vous « payer ». Êtes-vous motivé par l'argent, par l'amour, par la fierté ? Comment tirer les ficelles de votre motivation ? Faut-il vous donner un chèque ou organiser une cérémonie dont vous serez la vedette ?

L'instructeur vous soumet à un questionnaire pour savoir cela aussi précisément que possible. Attention ! Votre motivation va évoluer. Elle peut passer de l'argent à la reconnaissance ou l'inverse en quelques années.

Entraînement 4 – Choisir des punitions adaptées

Vous devez connaître les conséquences d'un éventuel échec. Ces conséquences doivent être organisées pour qu'elles vous déplaisent suffisamment.

Les entraîneurs doivent se résoudre à punir leurs élèves. Il faut parfois punir sévèrement un élève pour l'aider à atteindre ses objectifs. Il faut le laisser sur le banc, l'enlever de la liste des candidats, lui retirer un marché, lui retirer une responsabilité, etc. Bien utilisée, la punition peut être une méthode efficace pour faire progresser quelqu'un.

Entraînement 5 – Visualiser le succès

Voir la victoire, rencontrer des personnes de haut niveau, sont des puissants motivateurs.

L'entraîneur montre à son élève comment il sera, ce qu'il ressentira, quand il aura atteint son objectif. Il lui montre des films motivants, choisis sur une liste spéciale pour chaque type de performance et pour chaque domaine de performance. Il montre à un sportif des films sur les champions de sa catégorie. Il fait rencontrer à son élève des vedettes de sa catégorie, etc.

Entraînement 6 – Vaincre la peur de gagner

Beaucoup de sportifs, de politiciens, de combattants éprouvent cette peur, cette retenue en vue de la victoire. Ils sont paralysés au moment de porter le coup fatal, de frapper le service gagnant.

Pour gagner, il leur suffirait de continuer à jouer, à se battre comme ils l'ont fait depuis le début de la compétition, depuis le début de la campagne. Ils sont visiblement supérieurs et viennent de le prouver. Mais non, ils ralentissent en vue du but, ils retiennent leurs coups. La victoire leur fait peur. Ils ont peur de conclure la vente, le match, la bataille, etc.

L'instructeur aide son élève à surmonter cette peur de gagner. Il l'entraîne à garder le même niveau de risque tout au long du projet, de la partie. Il développe son agressivité à achever son combat, à conclure sa vente. Il sait que c'est à ce moment que son élève a le plus peur. L'instructeur porte alors sa pression, son influence, son assertivité au paroxysme, au moment précis où la victoire se dessine. Le truc est de rappeler à ce moment-là à l'élève, la frustration, la raison fondamentale pour lesquelles il est là.

Entraînement 7 – Gérer un échec

Tout succès survient à la fin d'une série d'échecs. Même le finaliste du plus grand championnat le termine par un échec. Mais un échec reste toujours émotif, difficile à vivre pour une personne qui croit fortement en elle.

L'entraîneur doit être habitué à gérer cette situation de découragement. Il doit savoir retourner cette frustration en faveur de son élève, faire rebondir l'agressivité que l'élève se destinait vers son futur adversaire.

Entraînement 8 – Gérer un succès

Curieusement, un succès peut entraîner une soudaine dépression chez une personne. Elle peut se dire viscéralement que, si elle a eu autant de mal à réussir, à obtenir ces premiers succès, c'est qu'elle n'est pas capable de le refaire et surtout pas de faire plus.

Un bon entraîneur prévoit et gère ce genre de situations. Il fait l'analyse technique, le débriefing d'un succès aussi profondément que celui d'un échec. Il lui retire sa charge émotionnelle. Il raméne la victoire à une simple étape d'un long projet.

Entraînement 9 – Payer à la performance

La vraie motivation vient de la promesse d'une récompense qui varie significativement en fonction de la performance. Cette récompense doit être calculable par celui qui réalise la performance. Elle doit être directement liée à ses efforts.

L'élève négocie tous ses contrats pour y inclure un paiement à la performance significatif, variable et directement lié à ses résultats.

Fixez-vous des objectifs et mesurez vos performances

Voici quelques exemples d'objectifs :

- décrire en une demi-page votre frustration la plus importante du moment et la situation idéale dans laquelle cette frustration disparaîtrait ;

- faire la liste des six prochaines petites victoires que vous êtes certain à 80 % d'obtenir ;

- revoir tous vos engagements pour y inclure une rétribution basée sur vos résultats.

Mesurez l'augmentation de votre motivation avec ces indicateurs :

- augmentation du nombre d'heures par jour ou par semaine consacrées à votre combat, à votre compétition, à votre entraînement, à votre projet ;

- augmentation du nombre et de la fréquence de vos comportements proactifs vis-à-vis de vos adversaires ou vis-à-vis des circonstances adverses ;

- augmentation de la quantité d'argent ou d'autres ressources que vous investissez dans votre projet ;

- augmentation du nombre de revers, d'humiliations, d'échecs que vous supportez sans diminuer le temps et l'argent que vous consacrez à votre projet ;

- augmentation de la valeur des pertes et des sacrifices que vous acceptez pour rester dans la compétition ;

- augmentation du nombre d'heures par semaine passées à faire des choses que vous n'aimez pas mais qui sont indispensables pour atteindre vos objectifs à long terme.

Vos plans pour entretenir votre motivation

Vos plans pour organiser vos prochaines récompenses ou punitions. Notez vos trois premières actions :

1 ....

....

2 ....

....

3 ....

....

Vos plans pour entretenir vos frustrations. Notez vos trois premières actions :

1 ....

....

2 ....

....

3 ....

....

Vos plans pour prévoir un soutien psychologique en cas de besoin. Notez vos trois premières actions :

1 ....

....

2 ....

....

3 ....

....

Augmenter votre concentration et votre visualisation

La meilleure façon d'augmenter les performances de quelqu'un est de l'entraîner à se concentrer. Si vous êtes bien concentré, vous augmentez nettement vos performances. Si vous êtes focalisé sur vos objectifs, vous avez plus de chance de les atteindre.

Certaines personnes ont toujours l'air d'avoir plus important à faire que ce qu'elles font pour l'instant. Ne soyez pas de celles-là.

L'entraîneur vous apprend à mieux vous concentrer et surtout à vous concentrer plus longtemps. Il l'aide à focaliser son attention sur une seule chose. Il lui fait dégager son champ visuel et son champ auditif de toutes les sources d'informations qui ne sont pas en rapport direct avec sa tâche, avec son objectif. Il l'encourage à ne voir que la balle qu'il joue à cet instant.

Vous vous exercez à réduire vos champs visuels et auditifs. À les limiter par tous les moyens possibles : la casquette des joueurs de tennis, le bureau dégagé des manager, la porte fermée des politiques, les écouteurs des pilotes, etc.

L'entraîneur demande à l'élève de regarder uniquement ce qu'il y a dans son champ visuel. De voir ce qu'il y a à faire, de le faire réellement, c'est tout. Il lui apprend à ne faire qu'une chose à la fois et à la faire parfaitement. À vivre dans l'instant, à ne faire que ce qu'il y a d'important à faire à cet instant.

En ce qui concerne la visualisation, l'entraîneur forme son élève à voir mentalement la situation idéale qu'il voudrait voir se réaliser dans quelques heures. L'élève apprend à distordre la réalité pour la voir telle qu'il voudrait, telle qu'il imagine qu'elle est. De façon à ce que quand le moment arrive, il se comporte en gagnant.

Faites maintenant le bilan de votre capacité de concentration

Quelles sont vos méthodes favorites pour vous concentrer ?

La concentration se travaille. Elle a ses méthodes. Autant faire d'abord le bilan des vôtres.

Votre réponse :

■ j'utilise les méthodes suivantes : ......

Quelles sont vos métaphores favorites pour visualiser votre vie ? Vous êtes le pilote de votre avion ? Le dieu de votre journée ? Le réalisateur du film de votre semaine ? L'architecte de la maison de votre vie ?

Une bonne méthode de visualisation de vos futurs succès est indispensable pour vous concentrer.

Votre réponse :

- j'utilise les méthodes de visualisation, les métaphores suivantes : ......

Dans vos projets, comment vous imaginez-vous ?
Comment vous voyez-vous ? Quel personnage êtes-vous ?
À qui vous identifiez-vous le plus souvent ?

Pour bien visualiser vos prochains succès, vous devez jouer un rôle. Si votre personnage est bien structuré, votre force de concentration sera bonne.

Votre réponse :

- j'utilise les personnages suivants : ......

Décrivez la scène de votre prochain succès espéré.
Où se passe-t-elle ? Quel est le décor ?
Qui sont les acteurs ? Quels sont les dialogues ?
Comment commence-t-elle et comment finit-elle ?

Apprenez à faire ce travail de préparation avant chacun de vos projets, de vos matchs, de vos examens, de vos batailles.

Vos réponses :

Décors	
Personnages	
Début	
Fin	
Dialogues	
Scènes	

 Les entraînements

Voici quelques entraînements souvent choisis par les instructeurs ou par les élèves eux-mêmes.

Entraînement 1 – Éviter les distractions

Les distractions, les interruptions diminuent la concentration.

L'élève réduit les informations qu'il reçoit. Il limite son champ visuel par tous les moyens possibles : casquette du tennisman, bureau dégagé du manager, porte fermée du directeur, etc. Son entraîneur lui fait dégager son champ visuel et son champ auditif de toutes les sources d'information qui ne sont pas en rapport direct avec sa tâche, avec son objectif.

Entraînement 2 – Se fixer sur l'instant

Les pensées parasites empêchent la concentration.

L'élève regarde uniquement ce qu'il y a dans son champ visuel. Il s'entraîne à voir ce qu'il y a à faire, à le faire, c'est tout. Il se concentre, oublie le passé et le futur pour ne penser qu'au présent, qu'à la réalité immédiate. C'est un effort mental important, seule la répétition de cet effort conduit à l'automatisation de cette pratique.

Entraînement 3 – Ne faire qu'une chose à la fois

On ne peut bien faire qu'une seule chose à la fois.

L'élève fait une chose à la fois et fait cette chose parfaitement. Son entraîneur l'encourage à ne voir que la balle qu'il joue à cet instant. Il l'exerce à vivre dans l'instant, à ne faire que ce qu'il y a d'important à un instant donné. Quand il est à une affaire, il ouvre son tiroir. Il n'ouvre jamais qu'un seul tiroir à la fois. Quand il a fini, il ferme son tiroir et n'y pense plus.

Entraînement 4 – Définir son monde pour le contrôler mieux

Définir son champ d'action sous forme d'un objet contrôlé aide à la concentration.

Dans cet exercice, souvent utilisé, l'élève se voit comme le capitaine d'un sous-marin d'attaque. Il s'organise un monde interne imaginaire où il a tout sous contrôle, où il a une équipe qui lui obéit. Il a les moyens les plus modernes pour sa mission, des radars pour deviner ce qui se passe autour de lui. Il a une seule mission et un seul territoire. L'élève se voit dans ce poste de commandement et pilote sa vie depuis ce monde-là.

Entraînement 5 – Passer la barrière des 10 minutes de concentration

Ce n'est qu'après plus de 10 minutes de concentration que l'intelligence profonde s'active.

L'élève augmente sa capacité d'attention soutenue au-delà de 10 minutes sur un même sujet, sans pensées parasites. Les bons instructeurs parviennent à faire tenir leurs élèves plus de 30 minutes totalement concentrés et attentifs à un seul sujet.

Fixez-vous des objectifs et mesurez vos progrès

Voici des exemples d'objectifs souvent choisis :

- au moins une fois par jour, rester totalement concentré sur un seul dossier ou sur une seule personne pendant plus de 20 minutes, sans penser à un autre sujet, sans penser au passé ou au futur ;

- être totalement protégé des interruptions au moins 30 % de votre temps ;

- toutes les semaines, réaliser le film, avec « happy end », de l'événement de la semaine à venir le plus important pour vous ;

- choisir une métaphore, un monde virtuel performant, auquel identifier vos comportements ; par exemple, « *je suis le commandant d'une unité d'élite qui doit absolument tenir cette tête de pont avant l'arrivée des renforts* », comme métaphore pour le chef d'une équipe de vente qui attaque un nouveau marché.

Voici quelques suggestions pour vos indicateurs de performance :

- doubler votre temps de travail passé en milieu protégé des interruptions (porte fermée, répondeur branché, etc.) ;

- augmenter le nombre de négociations, de réunions débutées avec, dans votre tête, le film parfaitement clair de son déroulement idéal ;

- augmenter le nombre de minutes pendant lesquelles vous pouvez rester totalement concentré sur un seul sujet, sans pensées parasites ni hors sujet ;

- augmenter le nombre de scénarii que vous possédez pour visualiser des scènes de votre vie qui doivent tourner à votre avantage ;

- augmenter le nombre et la qualité du travail que vous êtes capable de parfaitement accomplir dans un milieu difficile, un aéroport, dans un avion, dans un train ou dans toute autre circonstance où vous devez attendre, grace à votre potentiel de concentration.

Vos plans de progrès

Vos plans pour augmenter votre protection contre les interruptions. Notez vos trois prochaines actions :

1 ....

....

2 ....

....

3 ....

....

Vos plans pour apprendre une méthode profession-nelle de concentration. Notez vos trois prochaines actions :

1 ....

....

2 ....

....

3 ....

....

Vos plans pour vous organiser un monde interne performant, une métaphore qui vous convienne. Notez vos trois prochaines actions :

1 ....

....

2 ....

....

3 ....

....

Améliorer votre prise de décision et votre raisonnement

L'intelligence est une compétence qui peut être entraînée, quel que soit le domaine où vous comptez exceller. Les faiblesses d'intelligence les plus souvent détectées chez les candidats champions sont résumées ici :

– une prise de décision sans méthode ;

– une mémoire à court terme mal utilisée ;

– des erreurs de statistiques et de calcul mental ;

– une mémoire long terme utilisée sans aide ;

– une absence de méthode anti-malentendus dans les conversations professionnelles.

L'entraînement vous apprend à connaître et à contrer les défauts de l'intelligence humaine qui considère souvent à tort que :

– ce qui est répété souvent est vrai ;

– ce qui est permanent est vrai ;

– ce qui est grand est plus important que ce qui est petit ;

- ce qui est fréquent est important ;

- ce que la majorité pense est sûrement vrai ;

- ce qui est récent est plus vrai que ce qui est plus ancien.

Savoir décider rapidement et dans l'incertitude est une compétence clef du compétiteur. Plusieurs trucs faciles et efficaces dans ce domaine sont appris et répétés aux élèves

Si vous souhaitez progresser dans un domaine, il faut apprendre à prendre des décisions vite et bien. Mais, sans l'entraînement nécessaire, les erreurs de raisonnement, les biais de décision sont nombreux.

Le coach apprend à son élève les trucs et les techniques d'amélioration de prise de décision. Il lui apprend à se méfier de son intuition (sauf s'il est un génie).

Beaucoup d'entraîneurs conseillent de prendre, même si vous n'avez pas de plaintes, un rendez-vous à la consultation de psychométrie d'un hôpital pour faire un bilan et pour obtenir le résultat de vos tests d'intelligence.

Faites maintenant le bilan de votre intelligence

De nombreux organismes peuvent vous faire passer des tests d'intelligence de bonne qualité. Quel est votre QI ?

Certaines personnes peuvent avoir un QI plus bas que leur entourage, ce qui ne les empêchera pas d'avoir de bonnes performances, à condition de bien choisir leur domaine.

Votre réponse :

■ mon QI est de ……

Quels sont vos résultats au test des tâches simultanées ?

Certaines personnes peuvent avoir un résultat à ce test plus bas que les autres personnes avec qui elles seront en relation, ce qui ne les empêchera pas d'avoir de bonnes performances, à condition de bien choisir leur domaine.

Votre réponse :

■ mes résultats sont de ……

Quels sont vos résultats aux tests de mémoire et d'intelligence verbale ?

Certaines personnes peuvent avoir des résultats à ce test relativement plus bas que les autres personnes avec qui elles seront en relation, ce qui ne les empê-chera pas d'avoir de bonnes performances, à condi-tion de bien choisir leur domaine.

Votre réponse :

■ mes résultats sont de ……

Quelles sont les trois grandes décisions que vous pourriez prendre dans les douze prochains mois ?

Pour tester votre capacité à organiser une prise de décision rationnelle, écrivez ces décisions sous forme d'une question dont la réponse est « oui » ou « non ».

Mettez en deux colonnes les arguments factuels et vérifiables pour et contre le « oui ».

Vos réponses :

	Décision	Arguments pour :	Arguments contre :
1			
2			
3			

Les entraînements

L'instructeur analyse le projet de performance de son élève. Il identifie les facteurs intellectuels indispensables pour le réussir. Est-ce la mémoire à court terme, la mémoire long terme, la fluidité du langage et de l'idéation, le calcul mental, la prise de décision, la capacité d'attention et de perception ? Si, par exemple, c'est la mémoire des noms et des visages qui est importante, comme en vente et en politique, l'entraîneur organisera des exercices spécifiques pour amplifier ce type d'intelligence.

Voici quelques exemples d'exercices.

Entraînement 1 – Calculer et vérifier vite

Nous sommes naturellement de mauvais statisticiens.

Vérifiez, calculez rapidement, utilisez les trucs simples des statisticiens pour savoir si ce qu'on vous présente comme évident est valable ou est le fait du hasard.

Entraînement 2 – Inhiber vos premières impressions

Pour vous apprendre à mieux vous en tenir au raisonnement logique, aux faits.

Apprenez à inhiber vos premières perceptions, à écrire ce qu'on vous dit d'important. Exercez-vous à reformuler ce qu'on vient de vous dire. Obligez-vous à lire tout texte important à haute voix, comme le font les notaires à leurs clients, à lire deux fois toutes les phrases importantes des textes étudiés.

Entraînement 3 – Retarder les décisions impulsives

Les faits et données acquises très récemment ne sont pas intégrés immédiatement.

L'élève apprend à ne pas forcer une décision le soir. Il s'exerce à noter le soir ses décisions potentielles sur un papier, avant de les annoncer. Il apprend à « dormir » sur les décisions importantes et à les reconsidérer le lendemain.

Entraînement 4 – Décider dans le bon environnement

Les décisions sont influencées par l'environnement dans lequel elles sont prises.

Apprenez à sortir quelques minutes d'un magasin avant d'y faire un achat impulsif apprenez à vous discipliner à ne jamais signer face au vendeur.

Entraînement 5 – Utiliser un tableau de décision

Pour ralentir les décisions trop impulsives et pour apprendre à peser le pour et le contre rationnellement.

Tenez une liste de toutes les décisions à prendre dans le futur. Apprenez à vous servir d'un tableau blanc pour y noter les décisions à prendre sous forme d'une question. Par exemple : « Devons-nous acheter ceci ? ». Notez en dessous de la question, en deux colonnes, les éléments factuels en faveur du oui et en faveur du non.

Entraînement 6 – Déjouer les biais naturels de décision

Beaucoup de nos décisions sont naturellement biaisées par le groupe, par la société.

Apprenez à vous méfier de la pensée de groupe, de la pression sociale. Entraînez-vous à toujours obtenir l'avis d'un « avocat du diable » pour avoir un autre point de vue. Forcez-vous à envisager la meilleure et la pire des situations.

Entraînement 7 – Décider au bon moment, sans trop attendre

Certaines de nos décisions coûtent plus cher à prendre qu'elles ne rapportent.

Apprenez à décider sans tout savoir, à faire un choix alors que vous aimeriez avoir plus de temps, plus d'informations. Le truc est de mettre une limite aux dépenses faites pour prendre la décision : en temps de réunion, en conseils, etc. Apprenez à prendre la décision quand votre budget, temps ou argent, est épuisé afin de ne pas tomber dans le travers de dépenser 1 000 euros pour une décision à 100 euros. Exercez-vous à allouer un budget, un temps maximum pour chaque décision.

Entraînement 8 – Tester votre capacité à faire plusieurs choses à la fois

Vous devez évaluer votre capacité à faire plusieurs tâches en même temps. Vous devez évaluer également votre capacité à vous concentrer sur une chose sans vous laisser distraire par d'autres informations connexes.

L'élève pose un casque d'écoute sur ses oreilles. Il entend deux conversations différentes à gauche et à droite. L'entraîneur lui demande de se concentrer et de n'écouter que la conversation qui lui parvient par l'oreille droite et de ne pas se laisser distraire par celle qui lui parvient par l'oreille gauche. Il lui demande ensuite de faire l'inverse et, enfin, d'écouter et de comprendre les deux conversations différentes en même temps.

Entraînement 9 – Augmenter votre mémoire des textes

Avoir une bonne mémoire est indispensable dans beaucoup de domaines.

Lisez à haute voix tous les textes importants pour vous, comme un notaire. Vérifiez que votre mémorisation du texte a bien augmenté par cette technique.

Entraînement 10 – Augmenter votre mémoire à court terme

Pour être parmi les meilleurs, il vaut mieux avoir une mémoire à court terme bien entraînée.

Entraînez-vous à construire une prothèse, un support pour votre mémoire à court terme. Organisez un tableau blanc où vous notez sous forme de questions toutes les décisions à prendre. Notez ensuite, en deux colonnes, les arguments pour ou contre. Laissez mûrir pendant quelques heures ou quelques jours.

Entraînement 11 – Augmenter votre mémoire à long terme

Notre mémoire à long terme est souvent défaillante.

Exercez-vous à construire votre prothèse à mémoire long terme. Construisez votre dictionnaire encyclopédique personnel de 1 000 entrées environ. Cet exercice a pour effet d'améliorer considérablement la mémoire.

Entraînement 12 – S'en tenir aux faits

Les faits disparaissent souvent sous nos interprétations. La réalité nous est masquée par nos pensées, par nos émotions. Pour espérer être parmi les meilleurs, il faut bien penser, bien réfléchir, apprendre à s'en tenir aux faits, ne pas constamment les interpréter.

Notez dans un cahier tous les faits bruts de vos journées, sans interprétation, avec heure et observation clinique du moment, de la réalité brute.

Entraînement 13 – Voir la réalité en face

Certains individus rient et plaisantent de tout, d'autres sont trop cyniques.

L'élève est entraîné à tout considérer sur le moment sans rire, sérieusement, froidement. Pour mieux voir la réalité sans déformation.

Fixez-vous des objectifs et mesurez vos performances

Voici quelques idées :

- choisir et appliquer une méthode stricte pour prendre mes décisions seul ou en équipe ;

- connaître les trois secteurs les plus forts et les plus faibles de mon intelligence par des tests crédibles ;

- connaître le type d'intelligence qui me sera le plus utile pour réussir mon projet de performance et entraîner spécifiquement ce type d'intelligence.

Voici quelques suggestions pour mesurer les progrès de votre intelligence pratique :

- diminution du nombre et de la gravité des malentendus, des incompréhensions que vous avez eues avec les gens, au cours de la semaine écoulée ;

- diminution du nombre et de la gravité des erreurs commises, des décisions regrettées, au cours de la semaine écoulée ;

- diminution du nombre et de la gravité des plaintes de votre entourage concernant des objectifs que vous avez fixés et qui n'ont pas été atteints ;

- diminution du nombre de vos oublis, constatés au cours de la semaine écoulée ;

- diminution de la quantité d'heures et d'argent que vous devez consacrer à corriger, à retravailler des choses que vous avez faites ;

- augmentation de l'importance des obstacles que vous avez surmontés, tout en atteignant malgré tout les objectifs que vous vous étiez fixés ;

- augmentation de l'élégance de votre intelligence, c'est-à-dire de l'épargne des ressources prévues mais non dépensées, tout en atteignant malgré tout vos objectifs ;

- diminution du temps qu'il vous faut pour vous adapter à un nouvel environnement, du temps qu'il vous faut pour adopter des comportements comparables à ceux qui vivent dans cet environnement depuis longtemps (nouveau travail, nouvelle ville, nouveau budget, etc.).

Faites vos plans de progrès

Vos plans pour mieux organiser vos décisions. Notez vos trois premières actions :

1..
....

2..
....

3..
....

Vos plans pour améliorer votre mémoire. Notez vos trois premières actions :

1 ....

....

2 ....

....

3 ....

....

Vos plans pour améliorer vos capacités d'attention. Notez vos trois premières actions :

1 ....

....

2 ....

....

3 ....

....

Améliorer l'organisation de votre travail et votre gestion du temps

Les victoires, les succès sont aussi souvent le fruit d'une solide organisation personnelle que de coups de génie. Les personnes de haut niveau doivent savoir où vont leurs heures, à quoi elles dépensent leur temps. C'est aussi important que de savoir où va leur argent. Elles doivent aussi optimiser les équipements et les assistances qui vont les maintenir au meilleur niveau.

L'organisation scientifique et rationnelle du travail intellectuel a fait de nombreux progrès grâce à l'ergonomie. L'espace de travail, la gestion du temps de l'élève sont étudiés par l'entraîneur pour optimiser sa productivité, sa satisfaction et sa sécurité lors de l'effort.

Faites maintenant le bilan de votre organisation

Voici les questionnaires analysant la gestion de votre temps, de vos tâches, de vos équipements et de vos assistances.

Votre temps et votre agenda

Durant une semaine typique, du lundi 8 heures au lundi 8 heures, combien d'heures passez-vous à : Dormir ? Faire des tâches professionnelles seul ? Faire des tâches professionnelles en collaboration ? Faire des tâches privées en collaboration (famille, amis) ? Faire des tâches privées seul (repos, transports, TV, lecture, …) ?

Votre emploi du temps doit correspondre à vos objectifs, à votre volonté et de moins en moins à ce qui vous est imposé.

Votre réponse :

....

....

Combien de temps passez-vous en réunion durant une semaine de travail type ?

Le temps que vous passez en réunion doit être connu et contrôlé. Beaucoup de personnes se fixent comme objectif d'optimiser ce temps, après s'être rendu compte qu'un certain nombre de réunions n'étaient pas efficaces.

Votre réponse :

■ je passe en moyenne ...... heures en réunion.

Avez-vous des périodes de votre agenda que vous réservez au travail de concentration ?

Le travail de concentration demande un environnement spécial, protégé des interruptions. La plupart des personnes le planifient à des moments particuliers où elles sont certaines de pouvoir trouver cette tranquillité.

Votre réponse :

■ je réserve ...... heures par semaine au travail de concentration. Je passe ces heures à l'endroit suivant ......

Avez-vous des périodes dans votre agenda que vous réservez pour une même tâche à la même heure, tous les jours ou toutes les semaines ?

Beaucoup de personnes de haut niveau régularisent leur journée et planifient, par exemple, toujours une tâche importante pour leur première heure au travail, toujours une brève réunion debout avec l'équipe pour la dernière demi-heure de la journée, toujours un moment de repos de 10 minutes à 4 heures, toujours entre 5 heures et 5 heures 30 le rappel des correspondants ayant laissé un message sur leur répondeur, etc.

Vos réponses :

■ la journée : toujours un (e) ...... à ...... heures ;

- la semaine : toujours un (e) ...... à ...... heures le ......

Comment organisez-vous la collecte et le traitement des messages qui vous arrivent (téléphone, courrier, visiteurs impromptus, vos propres idées) ?

Beaucoup de personnes s'organisent pour traiter les messages quand elles le veulent et non quand les messages arrivent.

Votre réponse :

- je collecte et j'organise ces messages de la façon suivante ......

Avez-vous planifié, dans votre journée ou dans votre semaine, un moment et un environnement particuliers pour :

	Horaire	Lieu	Conditions
Lire votre courrier			
Tenir une réunion d'équipe			
Répondre aux messages laissés sur votre répondeur			
Recevoir des visites non programmées			
Fermer la porte de votre bureau			
Brancher le répondeur téléphonique			
Faire une tâche qui demande plus d'une heure sans interruption			
Prendre 20 minutes de repos total			

Voir votre patron			
Prendre les décisions de la semaine			
Voir vos enfants			
Voir votre femme			
Voir vos amis			
Lire des documents professionnels			

Beaucoup de candidats champions ont une bonne organisation personnelle. Et vous ?

Votre réponse :

....

....

Comment vous organisez-vous pour « défragmenter »
votre agenda ?

Votre agenda est souvent fragmenté. Vous avez souvent dix minutes de libre, mais rarement deux heures d'affilée. Cette organisation favorise le court terme. Dé-fragmenter son agenda est une préoccupation des personnes qui ont des choses importantes, et donc souvent longues, à faire. Ces personnes regroupent toutes leurs petites périodes libres en bloc d'au moins une heure. La défragmentation d'un agenda se fait en bloquant une ou deux heures par jour pour y faire en une fois toutes les petites tâches de la journée ou pour y faire une tâche importante de longue durée.

Votre réponse :

....

....

Votre équipement et votre assistance personnelle

*Faites la liste de vos équipements (matériel et logiciels)
qui augmentent votre productivité et vos performances.
Pour chaque équipement, précisez son degré d'obsolescence.*

Pour être parmi les meilleurs, il est utile d'avoir les meilleurs équipements, les plus récents.

Vos réponses :

Mes équipements les plus utiles	Leur vétusté

*Faites la liste des logiciels que vous avez appris à maîtriser
dans les douze derniers mois.*

Plus vous maîtrisez de logiciels qui augmentent votre productivité, plus votre valeur s'accroît.

Votre réponse :

- j'ai appris à maîtriser les logiciels suivants ...... dans les douze mois écoulés.

*De quelle surface de travail totale disposez-vous (surface
de bureau, de table de conférence, bureau à domicile) ?*

Disposer de beaucoup de surface de travail permet de réserver un « bureau », une surface particulière pour chaque type de travaux que vous réalisez et permet de garder une grande surface vierge pour étudier le dossier en cours.

Votre réponse :

- je dispose de …… m^2 de surface de travail au total.

*De combien d'heures d'assistance personnelle
disposez-vous par semaine ou par mois
(secrétaire, assistant, coach, conseiller, aide) ?*

Les personnes qui croient en leur valeur, s'offrent diverses assistances personnelles pour les aider à faire des choses dont elles ne sont pas spécialistes. Elles récupèrent vite cet investissement par de meilleurs résultats.

Vos réponses :

- je dispose de …… heures par semaine d'assistance personnelle pour m'aider à …… ;

- je dispose de …… heures par semaine d'assistance personnelle pour m'aider à …… ;

- je dispose de …… heures par semaine d'assistance personnelle pour m'aider à ……

*Quelle est la part variable de vos rémunérations qui
dépendent de vos performances personnelles ?
Qui dépendent des performances des personnes dont vous
avez la responsabilité ? Qui dépendent des performances de
votre organisation ? De combien cette part variable a-t-elle
augmenté depuis cinq ans ?*

Beaucoup de personnes qui croient en elles souhaitent augmenter la part variable de leurs rémunérations au mérite, si cette part dépend de leurs efforts directs ou des efforts des personnes qu'elles dirigent personnellement.

Votre réponse :

- la part variable de mes rémunérations totales est de …… %, en augmentation de …… % par rapport à il y a cinq ans.

Qui sont vos co-pilotes, vos délégués ?
Quelles sont les personnes à qui vous pouvez déléguer
des tâches importantes ?

Un copilote, un délégué est un collaborateur à qui vous pouvez déléguer une partie de vos tâches, de vos réunions, qui peut répondre à des questions qui vous sont posées.

La seule façon de gagner du temps pour une personne ambitieuse est de déléguer vers le bas les tâches les plus opérationnelles. C'est un souci constant quand vous voulez augmenter vos performances. Plus vous pouvez déléguer, plus vos chances d'atteindre vos objectifs augmentent.

Vos réponses :

Activité/responsabilité importante que vous déléguez régulièrement :	Nom de votre délégué pour cette activité :

Les entraînements

Voici quelques exemples parmi les nombreux exercices de ce domaine. À vous et à votre entraîneur de choisir les exercices les plus adaptés à vos objectifs.

Entraînement 1 – Organiser ses canaux de distribution

Vous devez pouvoir contacter ou laisser un message, de n'importe quel endroit et à n'importe quel moment, aux dix personnes les plus importantes pour vous.

L'exercice est coté en fonction du temps mis pour établir le contact et en fonction de la qualité du contact obtenu, par exemple :

— parler directement à la personne ciblée en moins de 20 minutes de recherche vaut 10 points ;

— laisser un message sur le répondeur de la personne ciblée vaut 3 points ;

— lui envoyer un fax vaut 3 points.

Entraînement 2 – Organiser la délégation

Vous devez pouvoir montrer que vous avez organisé un co-pilotage pour toutes vos activités critiques. Vous devez démontrer que vous vous êtes organisé pour pouvoir déléguer à tout moment à un assistant, un adjoint, au moins 80 % de vos tâches et de vos activités habituelles ; et ceci avec la même qualité que si vous aviez effectué cette tâche vous-même.

L'élève rédige une convention avec ses collaborateurs pour formaliser la délégation et éviter les renégociations constantes avec les collègues sur qui doit faire quoi, sur qui peut demander quoi à qui.

Entraînement 3 – Maîtriser un tableur

C'est un logiciel indispensable dans beaucoup de disciplines, même pour les sportifs ou les artistes.

L'élève reçoit trois grandes tables de chiffres sur un ordinateur. Il doit faire faire au tableur des statistiques pour trouver les ratios et les tendances cachées dans ces tables. L'évaluation de l'exercice se fait sur la rapidité et l'efficacité de l'élève à trouver les solutions.

Entraînement 4 – Maîtriser un logiciel de recherche d'information

C'est un équipement indispensable dans beaucoup de disciplines, même pour les sportifs, les artistes ou les militaires.

L'élève doit trouver sur Internet ou sur son Intranet trois informations difficiles d'accès. L'évaluation de l'exercice se fait sur le succès des recherches, sur l'élégance et l'économie des moyens mis en œuvre et sur la rapidité des résultats.

Entraînement 5 – Maîtriser un gestionnaire de base de données

C'est un outil indispensable dans beaucoup de disciplines, même pour les sportifs ou les artistes.

L'élève doit savoir rédiger une demande d'information précise et efficace à une base de données informatique. Son évaluation se fait sur sa connaissance des méthodes de recherche dans une base de données simple.

Entraînement 6 – Obtenir rapidement l'avis de plusieurs experts

Aucune performance ne peut se faire, si vous n'êtes pas entouré d'experts dont vous avez appris à utiliser les compétences.

L'élève doit organiser efficacement la collecte d'opinions d'experts de manière rationnelle, au moyen de message à boutons de vote ou de la méthode Delphi ou de toute autre méthode qu'il aurait choisi.

Entraînement 7 – Savoir interroger une personne

Obtenir des informations d'une personne est une compétence importante.

Face à une personne qu'il ne connaît pas mais qu'il sait posséder les informations dont il a besoin, l'élève doit, le plus vite possible, obtenir les infor-

mations de cette personne par un discours et par des arguments efficaces. L'évaluation se fait sur la rapidité et sur l'efficacité de la méthode employée face à des personnes qui collaborent plus ou moins.

Entraînement 8 – Utiliser un expert pour résoudre un problème

Aucune performance ne peut se faire, si vous n'avez pas appris à utiliser les compétences de conseillers.

L'élève doit résoudre, en une heure, un problème avec une technique qu'il connaît peu (par exemple, une panne de son ordinateur, une panne de voiture, etc.) en utilisant le plus efficacement possible un expert de cette technique qu'il peut seulement interroger au téléphone pendant 30 minutes. L'élève est noté aussi bien sur la façon dont il a fait avancer le problème que sur la façon dont il a utilisé et questionné l'expert au téléphone.

Entraînement 9 – Gérer une unité de temps

Bien gérer son temps est une compétence indispensable à beaucoup de champions.

Au cours de cet entraînement particulier, l'élève ne peut utiliser qu'une unité de temps : la semaine. Avant cette semaine, rien ne s'est passé, après cette semaine plus rien ne se passera. Il apprend à vivre pleinement cette période, sans penser au passé, ni au futur. Ensuite, l'élève apprend à maîtriser d'autres unités de temps comme la journée ou le trimestre, pour cadrer ses activités. Les entraîneurs vous diront que la semaine est l'unité de temps la plus facile à maîtriser. Le dimanche soir, l'élève se fixe le grand objectif de la semaine et ne pense plus qu'à cela pendant sept jours.

Entraînement 10 – Finir une période par la préparation de la période suivante

Pour bien apprendre à gérer une unité de temps comme la journée.

Entraînez-vous à ne jamais aller vous coucher le soir sans avoir préparé la journée suivante : vêtements, liste de choses à faire, mallette, documents.

Fixez-vous des objectifs et mesurez vos performances

Après trois mois d'entraînement dans le domaine de l'organisation du travail, fixez-vous comme objectif d'être capable de vous organiser pour :

– travailler parfaitement et de manière productive 4 heures sur un dossier sans discontinuer et sans distractions avec seulement 3 pauses de relaxation de 10 minutes ;

– retrouver rapidement dans votre agenda toutes les tâches, et leurs durées, consacrées à un projet donné ;

– accéder rapidement à toutes les informations utiles ;

– mettre parfaitement en concordance objectifs et emploi du temps ;

– vous protéger des interruptions au moins 20 % de votre temps sans perdre ni informations, ni opportunités.

Voici quelques exemples d'objectifs classiques :

– faire une base de données avec toutes vos sources d'informations (documents, personnes et événements) ;

– écrire l'agenda idéal d'une journée et d'une semaine et le respecter strictement ;

– organiser la délégation potentielle de toutes vos tâches et responsabilités critiques ;

– maîtriser dans les six mois les deux ou trois logiciels les plus utiles à votre projet de performance.

Pour mesurer la progression de votre organisation personnelle, voici quelques idées :

- diminution du nombre de fois où vous déviez significativement de votre agenda, de vos plans, de vos projets ;

- diminution du nombre de fois où vous devez rechercher longuement une information ou un objet dont le besoin était prévisible ;

- diminution des journées passées sans que vous ne réalisiez des choses importantes, sans que vous ne franchissiez d'étapes vers vos objectifs ;

- diminution du nombre d'heures par jour que vous passez à perte ou à bas régime par manque d'informations, par manque d'équipements, par manque d'autorisations, par manque de moyens ;

- augmentation du nombre de tâches et d'activités que vous pouvez déléguer, parce que vous les avez bien décrites et bien organisées ;

- diminution du nombre d'heures peu profitables, peu agréables dans votre journée ou dans votre semaine (obligations, transports, attentes) ;

- diminution du nombre de choses de votre liste « à faire » que vous n'avez pas faites en fin de journée ;

- augmentation du nombre d'indicateurs de performances personnelles que vous mesurez au moins une fois par trimestre ;

- augmentation du pourcentage de vos tâches et de vos activités qui font clairement partie d'un projet, d'un plan, d'un processus bien défini par rapport aux tâches opportunistes ou de défense.

Vos plans de progrès

Vos plans pour éliminer vos tâches, vos heures de basse rentabilité. Notez vos trois prochaines actions :

1 ....
....

2 ....
....

3 ....
....

Votre plan pour mieux déléguer. Notez vos trois prochaines actions :

1 ....
....

2 ....
....

3 ....
....

Votre plan pour faire correspondre votre emploi du temps à vos objectifs à long terme. Notez vos trois prochaines actions :

1 ....
....

2 ....
....

3 ....
....

Améliorer vos finances personnelles

L'argent est important. Même si l'on veut être le meilleur en sport, en politique ou en art ? Oui ! Si vous voulez être le meilleur dans votre domaine, vous devez d'abord vous débarrasser des sources d'ennuis financiers. Faites d'abord le ménage dans vos finances, vous serez plus serein ensuite. Vous vous consacrerez mieux aux choses vraiment importantes.

Débarrassez-vous des soucis financiers pour mieux vous consacrer à l'effort que vous entamez. Votre instructeur pourra vous y aider avec, si nécessaire, l'aide d'un expert financier.

Quand un élève fait son bilan, il consacre toujours du temps au bilan de ses finances, de ses avoirs, de ses dettes, de ses flux financiers. C'est une matière très personnelle. Alors pourquoi l'aborder dans un livre sur l'entraînement des meilleurs ? Parce qu'une personne qui est en mauvais état financier personnel, qui ne sait pas gérer ses propres finances, n'aura pas l'esprit libre pour se consacrer à ses progrès. Elle doit d'abord mieux gérer ses propres finances avant de vouloir gérer celles d'une équipe ou celles d'une organisation.

Votre bilan financier personnel analyse, comme celui d'une entreprise, vos avoirs, vos dettes et vos flux financiers. C'est donc un bilan important à faire avant tout entraînement : une bonne santé financière personnelle garantit la sérénité au travail.

Les élèves champions bénéficient tous d'un audit de leurs finances dans les premières phases de leur entraînement. Voici les cinq problèmes d'argent les plus fréquemment détectés :

– un endettement plus important que la normale ;

– un faible rendement du patrimoine ;

– une dépendance financière trop lourde vis-à-vis d'une activité contraignante ;

– une épargne trop faible ;

– une épargne trop importante.

Si vous êtes dans l'un de ces cas, la première étape est de vous fixer des objectifs financiers et de préparer des actions correctrices.

Répondez aux questions de ce chapitre. Qu'est-ce qui ne va pas chez vous ? Si vous voulez être parmi les meilleurs, il faut sans doute réorganiser vos finances, prendre quelques décisions. Ce questionnaire est fait pour détecter et pour vous montrer les failles dans votre gestion financière. Il est fait pour mettre en évidence vos problèmes potentiels.

À qui devez-vous poser ces questions ?

À votre **conseiller financier**. Vous devez poser ces questions à votre banquier, à votre assureur, à votre comptable, à votre fiscaliste ou encore à votre conseiller patrimonial. Mieux vaut payer leurs conseils à l'heure et leur demander un rapport écrit. S'ils font des travaux gratuitement, c'est qu'ils espèrent vous vendre quelque chose. Un conflit d'intérêts a de bonne chance de s'installer sous le couvert d'une excellente relation amicale. N'oubliez jamais que votre banquier et votre assureur peuvent avoir des objectifs différents des vôtres.

À votre **logiciel de finances personnelles**. De plus en plus d'élèves utilisent les logiciels Money® ou Quicken® pour gérer leur argent, celui de leur famille et même celui de leur petite organisation. C'est facile et pratique. Une demi-heure par semaine suffit souvent. Les informations que vous en tirerez feront de cette demi-heure l'une des plus rentables de votre semaine. Nous vous proposons de régler votre logiciel pour que chaque question de ce chapitre devienne un état, un rapport dans votre logiciel.

Pourquoi devez-vous vous poser ces questions ? Chaque question a été étudiée pour que le coût et le temps pour y répondre soient largement compensés par les améliorations que vous pourrez apporter à vos finances en ayant la réponse.

En posant ces questions pertinentes et précises à vos conseillers, vous les utiliserez mieux. Vous les obligerez à vous répondre en vous donnant des repères, des références, des statistiques, des moyennes adaptées à votre catégorie sociale et à votre catégorie de revenus.

Vous détecterez peut-être, et même sûrement, des différences significatives entre vos chiffres et ceux de personnes comparables. Vous saurez si vous gérez en bon père de famille ou si vous prenez des risques inhabituels.

Faites maintenant le bilan de vos finances

Si vous ne savez pas répondre aux questions en moins de deux heures de recherches et d'appels à vos conseils, l'ignorance de votre situation financière est préoccupante.

Votre patrimoine personnel actuel : vos avoirs et vos dettes

Vous devez connaître le montant de votre patrimoine, sa composition en classes de liquidité et de risques. Vous devez connaître son évolution au cours des cinq dernières années. Cela vous sera indispensable pour savoir si vous pouvez diminuer vos revenus sans problèmes. Pour savoir si vous devez augmenter ou diminuer votre épargne. Pour connaître les revenus et la sécurité que vous pouvez attendre de votre patrimoine.

Que possédez-vous aujourd'hui en monnaie, en liquide chez vous ou en liquide sur les comptes courants de vos organismes financiers ?

Souvent, les personnes se trompent de 20 % dans cette estimation. Beaucoup gardent trop de liquide non placé. Autre constatation fréquente : cette somme varie souvent, alors que, en principe, vos besoins en liquide sont stables.

Votre réponse :

- je possède actuellement …… euros en liquidités non investies.

Que possédez-vous de vendable ? Si vous deviez vendre en quelques semaines tous vos biens, de quelle somme disposeriez-vous ?

C'est un chiffre que vous devez connaître pour votre sécurité. En général, vous le sous-estimez.

Votre réponse :

- si je vendais tout ce que je possède rapidement, je disposerais de …… euros en quelques semaines ou quelques mois.

Quelle est la valeur totale de votre patrimoine strictement personnel, non partagé et non conjoint avec votre famille ?

Si demain, votre famille devait se séparer totalement de vous, évaluez ce qui vous resterait.

Votre réponse :

- mon patrimoine strictement personnel est actuellement valorisé à …… euros.

Pour les personnes mariées, de combien varierait votre patrimoine, vos revenus et vos dépenses, si vous deviez divorcer ?

Les problèmes familiaux sont de plus en plus fréquents. Vous devez connaître votre autonomie financière, si ces conflits devaient vous être défavorables.

Vos réponses :

- en cas de divorce mon patrimoine diminuerait de
  ...... euros ;

- en cas de divorce mes dépenses augmenteraient /
  diminueraient de ...... euros par mois.

*Quelle est la valeur totale de votre patrimoine familial
à ce jour ?*

Les problèmes familiaux ne sont pas inévitables. La valeur totale du patrimoine que vous pourriez gérer est importante à connaître.

Votre réponse :

- mon patrimoine familial est actuellement valorisé
  à ...... euros.

*De combien votre patrimoine total a-t-il augmenté
ou diminué au cours des 5 dernières années ?
Par quelles techniques ?*

Un patrimoine bien géré peut augmenter de 5 à 10 % par an par placement et de 5 à 10 % par épargne. Et le vôtre de combien augmente-t-il chaque année ?

Votre réponse :

- mon patrimoine total a augmenté / diminué de
  ...... euros en un an, soit ...... % de plus / moins
  que l'année passée, dont ...... % par remboursement d'emprunt, ... % par épargne et ...... %
  par intérêts de placements.

Quel est le montant et le pourcentage de votre patrimoine qui est investissable, avec lequel vous pouvez spéculer, dont vous pouvez changer le placement rapidement ?

Des placements bien organisés peuvent vous apporter un revenu substantiel. Posez la question à vos conseillers pour savoir si vous ne devez pas augmenter ou diminuer la partie investie de votre patrimoine.

Votre réponse :

■ j'ai actuellement …… euros en placement et …… euros que je pourrais placer.

Quelle est la part mobilière et la part immobilière de votre patrimoine ?

Ce pourcentage est important à connaître. Demandez à vos conseillers quelle est la proportion habituelle pour les personnes de votre niveau de revenus et de votre classe sociale.

Votre réponse :

■ la part mobilière est de …… euros. La part immobilière est de …… euros.

Faites la liste de vos dix biens matériels et financiers ayant actuellement le plus de valeur. À côté de chacun, notez l'index de liquidité et l'index de risque de ces valeurs.

Vous devez connaître les niveaux de liquidité et les niveaux de risque que vous vous fixez comme objectifs pour les principales composantes de votre patrimoine. Montrez ces chiffres à vos conseillers financiers et vérifiez avec eux qu'ils sont au bon niveau, par rapport aux bonnes pratiques des personnes comparables à vous.

Utilisez la classification simplifiée suivante ou toute autre qui vous serait plus familière.

Risque et liquidité	Niveaux	Exemples
Risque B	Très risqué	Actions à hauts risques
Risque A	Risqué	Actions de base
Risque AA	Peu risqué	Obligations et autres produits à bas risques
Risque AAA	Sans risque	Produits à revenus et capital garantis
Liquidité B	Fort peu liquide	Immobilier
Liquidité A	Peu liquide	Titres, crédits
Liquidité AA	Liquide	Comptes à terme
Liquidité AAA	Très liquide	Cash

Vos réponses :

	Avoir	Risque	Liquidité
1.			
2.			
3.			
4.			
5.			
6.			
7.			
8.			
9.			
10.			

Combien devez-vous d'argent ?

Pas de dettes, pas de risques. Pas de risques, pas de gains, à vous de trouver votre équilibre.

Vos réponses :

- je dois …… euros dans les trois mois ;
- je dois …… euros dans l'année ;
- je dois …… euros dans les 5 ans ;
- je dois …… euros à plus long terme.

Quel est actuellement votre taux d'endettement ?
Quel pourcentage de vos revenus mensuels payez-vous
pour rembourser vos emprunts ?

Vos dettes doivent être suivies précisément pour minimiser vos frais d'emprunts.

Votre réponse :

- je rembourse …… euros par mois, soit …… % de mes revenus bruts.
- d'après ma philosophie de risque, mon niveau d'endettement idéal est de ……

Pourquoi empruntez-vous de l'argent alors que
votre patrimoine est positif ? Quel est le retour
sur investissement, supérieur à l'intérêt que vous payez,
que vous espérez par ces emprunts ?

Acheter de l'argent n'est intéressant que si vos bénéfices sont supérieurs au coût de cet achat.

Votre réponse :

- j'emprunte de l'argent à …… % pour l'investir avec un retour espéré de …… %.

Avez-vous contracté des emprunts pour acquérir des biens dont la valeur diminue avec le temps (voiture, équipement, etc.) ?

Demandez à vos conseillers si ceci est justifié. Emprunter pour ce type de biens qui se dégradent irrémédiablement doit être bien réfléchi.

Votre réponse :

- j'ai emprunté …… euros pour l'achat de ……

Quel héritage recevrez-vous, net d'impôts et de frais, au décès de vos parents ? En considérant une moyenne de vie de 80 ans, dans combien d'années recevrez-vous cette somme ?

Vous devez tenir compte de ce revenu potentiel dans vos plans. Par exemple pour ne pas trop épargner et ne pas trop vous priver.

Votre réponse :

- je recevrais très probablement …… euros dans …… ans.

Vos réserves financières

Avec réduction progressive de votre patrimoine

Quelle est la durée estimée de vos réserves en patrimoine, si tous vos revenus (travail, mobilier et immobilier) s'arrêtaient maintenant et si vous acceptiez de mourir ruiné, de dilapider votre patrimoine ?

Si tous vos revenus devaient s'arrêter aujourd'hui, après combien d'années votre patrimoine serait-il épuisé, après combien d'années n'auriez-vous plus un euro ? Avec le train de vie que vous avez actuellement et, même question, avec un train de vie minimalisé pour faire durer votre patrimoine ?

Vos réponses :

- mon patrimoine serait épuisé en …… mois en mode de vie normal ;
- mon patrimoine serait épuisé en …… mois en mode de vie minimal.

Même question, mais en arrêtant seulement les revenus de votre travail.

Si vous arrêtez de travailler maintenant ou si vous décidez de travailler à mi-temps, en combien de mois votre patrimoine serait-il épuisé ? En continuant à vivre comme maintenant ? Et en vivant avec le minimum de dépenses ?

Vos réponses :

- mon patrimoine serait épuisé en …… mois en vie normale ;
- mon patrimoine serait épuisé en …… mois en vie minimale.

Sans réduction de votre patrimoine

Quelles sont vos réserves sans dépenser votre patrimoine ?
Si vous deviez arrêter, pour une raison quelconque,
de générer des revenus par votre travail, combien
de revenus percevriez-vous tous les mois et pour combien
de temps ?

Vous devez toujours prévoir une diminution de vos revenus et connaître vos réserves.

Votre réponse :

- je disposerais de ...... euros par mois pendant ...... mois.

Vos flux d'argent : vos revenus et vos dépenses

De quel pourcentage et à quel niveau diminuerait l'ensemble de vos revenus en cas de maladie d'un mois, de six mois ou d'un an, en cas de handicap permanent ne permettant plus votre travail actuel, en cas de période de six mois de chômage, en cas de divorce ou de congé d'un an ?

Ces circonstances ne sont pas rares. Vous devez donc avoir une idée claire de ces réponses et un plan pour y faire face.

Vos réponses :

- mes revenus annuels diminueraient de ...... % et seraient au niveau de ...... euros par mois, en cas de maladie d'un mois ;

- mes revenus annuels diminueraient de ...... % et seraient au niveau de ...... euros par mois, en cas de maladie de six mois ;

- mes revenus annuels diminueraient de ...... % et seraient au niveau de ...... euros par mois, en cas de maladie d'un an ;

- mes revenus annuels diminueraient de ...... % et seraient au niveau de ...... euros par mois, en cas de handicap permanent ;

- mes revenus annuels diminueraient de ...... % et seraient au niveau de ...... euros par mois, en cas de six mois de chômage ;

- mes revenus annuels diminueraient de ...... % et seraient au niveau de ...... euros par mois, en cas de divorce ;
- mes revenus annuels diminueraient de ...... % et seraient au niveau de ...... euros par mois, en cas de congé d'un an.

Quels sont vos revenus habituels stables (salaire, clientèle bien établie, etc.), en euros par jour travaillé ?

L'évolution de vos revenus par jour travaillé doit vous être connu, de même que le prix que doit payer votre organisation pour vous avoir comme travailleur pendant un jour.

Vos réponses :

- mes revenus sont de ...... euros par jour travaillé, en coût total pour mon organisation ;
- mes revenus sont de ...... euros par jour travaillé, bruts avant impôts et prélèvements sociaux obligatoires ;
- mes revenus sont de ...... euros par jour travaillé, après impôts et prélèvements sociaux obligatoires.

Combien d'euros vous reste-t-il chaque mois, après que vous ayez effectué toutes vos dépenses habituelles et toutes vos épargnes habituelles ?

C'est vraiment votre argent libre pour financer vos décisions ponctuelles, pour vous faire plaisir.

Votre réponse :

- je dispose de ...... euros en moyenne par an pour investissement inhabituel ou pour divertissement exceptionnel ou pour épargne au-delà de ce qui est nécessaire.

De combien vos revenus réguliers ont-ils augmenté ou diminué, en pourcentage, au cours des 36 derniers mois ?

Beaucoup de personnes pensent que leurs revenus doivent augmenter régulièrement jusqu'à un certain âge.

Votre réponse :

- mes revenus ont augmenté / diminué de ...... % par an, au cours des trois dernières années.

De combien, en montant et en pourcentage, pourriez-vous faire augmenter vos revenus, en cas de nécessité par heures supplémentaires, travail complémentaire, changement vers un emploi plus rémunéré, etc. ?

Vous pourriez avoir besoin temporairement de plus de revenus pour financer un coup dur ou un projet. Le pourriez-vous et de combien ?

Votre réponse :

- je pourrais, en cas de nécessité, faire augmenter mes revenus de ...... euros par mois, soit une augmentation de ...... % de mes revenus.

Quelles sont vos douze dépenses habituelles les plus importantes ? Classez-les par ordre décroissant, avec le pourcentage de vos dépenses totales. N'oubliez pas que vos dépenses les plus importantes sont souvent vos impôts et votre sécurité sociale.

Répondez à cette question et consulter vos conseillers financiers. Demandez-leur si votre profil de dépenses est atypique, comme par exemple, de dépenser 2 % de vos revenus en épargne à long terme, alors que la moyenne est de 10 % dans votre catégorie, ou bien encore dépenser 40 % de vos revenus pour vous loger, alors que la moyenne dans votre classe sociale est plus basse.

Vos réponses :

	Dépense	euros par mois	% de mes dépenses totales
1.			
2.			
3.			
4.			
5.			
6.			
7.			
8.			
9.			
10.			

Quelle est la proportion de vos frais fixes (logement et nourriture, assurances, transports) par rapport à vos frais variables (loisirs, vacances, restaurants, voiture non strictement utilitaire, vêtements superflus) ?

Cette proportion représente votre flexibilité, votre adaptabilité aux situations. Si vous êtes trop « frais fixes », vous serez sans doute moins mobile, moins agile, dans votre carrière.

Votre réponse :

■ j'ai ...... euros par mois de frais fixes ou quasi obligatoires, soit ...... % de mes revenus.

De combien pourriez-vous diminuer vos dépenses dans les trois mois, en cas d'absolue nécessité ? Par exemple, par arrêt de dépenses de loisirs, par vente de vos biens non indispensables, par arrêt de vos assurances non obligatoires.

Cela pourrait être utile à savoir. On ne sait jamais ce qui peut se passer.

Votre réponse :

- je pourrais rapidement réduire mes dépenses de …… euros par mois, soit …… % de mes dépenses totales.

Répartissez vos dépenses en trois catégories. Combien dépensez-vous par mois en dépenses indispensables ? En dépenses de confort raisonnable ? En dépenses de luxe ?

Vous devez savoir quel est le niveau de vie minimal que vous pourriez adopter, si vous en décidiez ainsi pour, par exemple, ne plus travailler, faire vraiment ce qui vous plaît sans plus vous soucier de ce que vous gagnez.

Vos réponses :

- je dépense …… euros par mois en dépenses incompressibles, indispensables ;
- je dépense …… euros par mois en dépenses compressibles, de confort raisonnable ;
- je dépense …… euros par mois en dépenses superflues.

Bilan des finances que vous gérez professionnellement

Quelles sont les performances financières de l'unité que vous dirigez directement ou dont vous avez la responsabilité directe ?

Il est important de connaître l'évolution que vous avez donnée aux finances de l'unité dont vous avez la responsabilité.

Vos réponses :

- revenus ou budgets actuels à …… euros par an ;
- profits actuels à …… euros par an ;
- *cash flow* actuel à …… euros par an.

De combien ont augmenté ou diminué les chiffres précédents au cours des trois dernières années ?

Vos réponses :

- revenus ou budgets à …… euros de plus ou en moins par an ;
- profits à …… euros de plus ou en moins par an ;
- *cash flow* à …… euros de plus ou en moins par an.

Quelles sont vos conclusions et celles de votre conseiller financier ?

- Votre patrimoine est-il encore trop maigre pour assurer votre sécurité en cas de problème important ?

Répondez par oui ou par non.

- Votre patrimoine est-il trop important et vous allez mourir trop riche ?

Répondez par oui ou par non.

- Avez-vous plus de dettes que la moyenne des personnes qui vous ressemblent ?

Répondez par oui ou par non.

- Pourriez-vous travailler moins ou faire des choses qui vous plaisent plus sans trop dégrader votre sécurité financière ?

Répondez par oui ou par non.

- Votre patrimoine et vos revenus progressent-ils normalement ?

Répondez par oui ou par non.

- Tirez-vous des revenus de vos biens comme il est normal dans votre catégorie de personnes ?

Répondez par oui ou par non.

Pour un champion, quel qu'il soit, avoir une bonne santé financière personnelle et familiale est indispensable. Cela le libère des soucis d'argent pour s'occuper de choses plus intéressantes.

Un patrimoine bien géré apporte sécurité et sérénité pour mieux vous occuper de vos relations. Et n'oubliez pas qu'il y a deux moyens d'être riche : avoir beaucoup d'argent ou avoir peu de besoins. Ne négligez pas la seconde solution !

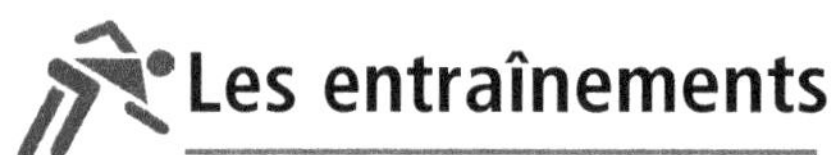# Les entraînements

Entraînement 1 – Connaître vos chiffres

Un minimum de connaissance de vos chiffres financiers est indispensable, même si la finance n'est pas du tout votre domaine.

Mémorisez les douze chiffres clefs de vos finances et leurs évolutions au cours des trois derniers trimestres ou années.

Entraînement 2 – Réduiser vite vos dépenses

Vous devez être flexible et pouvoir vous adapter vite à toutes sortes de circonstances, y compris une forte baisse de vos revenus. Vous devez avoir organisé une bonne variabilité de vos dépenses afin de vivre modestement, s'il le faut, pendant un certain temps.

Exercez-vous à réduire le plus vite possible vos dépenses et maintenez-les à ce niveau minimal pendant au moins trois mois.

Entraînement 3 – Augmenter rapidement vos revenus

En cas de besoin, vous devez pouvoir augmenter temporairement vos revenus en travaillant plus ou moins différemment. Vous devez être prêt à vendre un ou plusieurs de vos biens rapidement, sans y perdre trop.

Apprenez à maximiser rapidement vos revenus et à les maintenir à ce niveau maximal pendant trois mois.

Entraînement 4 – Variabiliser vos dépenses

Vous devez être mobile, prêt à changer, être opportuniste. Vos frais fixes doivent être maintenus au niveau que vous avez choisi.

Apprenez à transformer rapidement des frais fixes en frais variables, à moindre coût. Apprenez à sous-traiter, à transformer vos contrats à long terme en contrats à court terme, à payer à la performance plutôt qu'au temps, à louer plutôt qu'à acheter, quand les circonstances vous sont favorables.

Entraînement 5 – Gérer votre argent

Tout confier au banquier et à l'assureur sous prétexte que vous n'êtes pas spécialiste serait faire trop confiance à des personnes qui n'ont pas toujours strictement les mêmes intérêts que vous.

Apprenez à devenir dès que possible votre propre banquier et votre propre assureur, en optimisant les risques et les coûts. Exercez-vous à poser les bonnes questions à ces spécialistes et à poser la même question précise à trois professionnels concurrents, si l'enjeu est important.

Entraînement 6 – Connaître votre argent

L'argent est dans tous les domaines. Un minimum de culture générale en finance est indispensable pour toute personne de haut niveau.

Apprenez la signification précise des trente termes financiers les plus utilisés dans votre entourage.

Entraînement 7 – Entourez-vous des meilleurs

Il y a de bons et de mauvais spécialistes financiers. Si vous voulez être le meilleur dans un domaine, entourez-vous des meilleurs dans les autres domaines.

Faites l'exercice, réel ou fictif, de changer tous vos comptes et tous vos contrats d'une société de banque assurance à une autre, plus avantageuse, en un temps très court et au moindre coût possible.

Entraînement 8 – Connaître vos contraintes

Les liens entre l'argent et vous sont en général denses et confus. Un « nettoyage » des obligations et des contraintes est souvent nécessaire avant d'essayer d'améliorer la situation.

Apprenez à connaître toutes les clauses, en votre défaveur ou à vos frais, dans vos contrats avec vos agents financiers.

Fixez-vous des objectifs et mesurez vos performances

Votre instructeur vous aide à choisir des objectifs, par exemple :

– réduire mes dettes à X % de la valeur de mon patrimoine ;

- supprimer en un an mes emprunts contractés pour acheter des biens dégradables ;

- obtenir X % net d'intérêts de mon patrimoine ;

- augmenter mon épargne à X % de mes revenus nets ;

- diminuer mon épargne à X % de mes revenus pour ne pas mourir avec trop de patrimoine ;

- avoir X millions d'euros en patrimoine à X ans dont X % investissables ;

- avoir suffisamment de revenus d'intérêts de mes placements et locations pour pouvoir arrêter de travailler dans les domaines qui me plaisent le moins ;

- réduire mes dépenses fixes à X % du total de mes dépenses pour augmenter ma flexibilité et ma mobilité ;

- réduire le total de mes dépenses à X euros par mois pour pouvoir arrêter de travailler à plein temps.

Votre entraîneur vous aide à choisir la valeur des « X » la plus appropriée dans votre cas. Fixez-vous par exemple les objectifs suivants :

- croissance des revenus nets de 5 % par an ;

- croissance du patrimoine de 10 % par an ;

- réduction de vos dettes à moins de 10 % de vos revenus.

Faites un choix parmi ces objectifs classiques ou choisissez-en d'autres plus adaptés à votre situation, en fonction de vos réponses au questionnaire.

Une fois vos objectifs fixés, construisez votre tableau de bord et sélectionnez les indicateurs que vous allez mesurer tous les trois mois et dont la vision régulière vous motivera à progresser.

Vos plans de progrès

Votre plan de désendettement. Notez vos trois prochaines actions :

1 ....

....

2 ....

....

3 ....

....

Votre plan d'épargne. Notez vos trois prochaines actions :

1 ....

....

2 ....

....

3 ....

....

Votre plan de placement. Notez vos trois prochaines actions :

1 ....

....

2 ....

....

3 ....
....

Votre plan de réduction des dépenses. Notez vos trois prochaines actions :

1 ....
....

2 ....
....

3 ....
....

Votre plan d'augmentation des dépenses. Notez vos trois prochaines actions :

1 ....
....

2 ....
....

3 ....
....

Votre plan d'augmentation de vos revenus. Notez vos trois prochaines actions :

1 ....
....

2 ....
....

3 ....
....

Optimiser vos risques et vos contrats

Les meilleurs s'entraînent à bien faire un contrat, à bien le rédiger, à bien le lire, à bien l'appliquer. Parce que dans leur carrière, ils auront beaucoup de contrats et qu'ils ne pourront souvent faire confiance qu'à eux-mêmes.

Faire un contrat est une façon d'avoir de bonnes relations avec les autres, d'avoir des relations stables et sécurisantes.

Faire un contrat ensemble est une lutte contre l'isolement. Le contrat est une technique qui assure l'efficacité de travailler ensemble. C'est une façon de maîtriser les risques.

Nous vivons dans des États de droit. Vous avez de très nombreux contrats avec les autres. Que vous les ayez signés ou non, ils font partie de vos droits et de vos obligations, qu'ils vous soient familiers ou non. Ces contrats ont pour but de gérer vos risques, de diminuer l'incertitude et la violence.

Le contrat, c'est simple, c'est l'obligation de Paul en échange de l'obligation de Pierre. Ce sont deux parties qui s'obligent à faire, ou ne pas faire, quelque chose.

Faites maintenant le bilan de vos risques

Pourquoi poser ces questions ? Pour connaître vos risques et donc vos gains potentiels. Pour maîtriser votre liberté. Pour faire appliquer les clauses qui vous sont favorables et pour éviter les clauses qui ne le sont pas. Mais aussi pour connaître ou pour établir les règles du jeu dans votre vie.

À qui poser ces questions ? À vous-même ou, si vous ne trouvez pas la réponse, à un avocat, à un notaire, à un assureur.

Votre gestion de vos risques personnels

Combien de primes d'assurance payez-vous chaque année au total, quelle que soit la compagnie d'assurance et le risque couvert ? Combien de ces assurances sont obligatoires (sociales, autos, incendies, professionnelles) et combien sont facultatives (pension complémentaire, familiale, auto, complémentaire, voyage, etc.) ?

Les assurances sont des dépenses significatives mais insidieuses. Elles augmentent plus vite que vos revenus. Beaucoup ne connaissent pas la réponse à cette question et sont sur ou sous-assurés dans certains domaines.

Votre réponse :

- je paie un total de primes d'assurance de ...... euros par an. ...... euros pour des assurances obligatoires et ...... euros pour des assurances facultatives. Cette somme représente ...... % de mes revenus nets. Cette somme était de ...... euros, il y a 5 ans.

Faites la liste de tous les risques, dangers et accidents potentiels que vos proches et vous encourrez en vivant normalement. Classer les risques par ordre d'importance et par ordre de fréquence.

Vous devez bien connaître les probabilités des risques que vous encourrez et le préjudice que vous subiriez, si le risque devait se concrétiser.

Vos réponses :

	Risque, degré d'importance : grave, significatif, faible	Degré de fréquence : fréquent, probable, rare
1.		
2.		
3.		
4.		
5.		
6.		

Faites la liste des risques que vous gérez par contrats, par règles, par provisions ou par agréments : contrats d'assurance, d'emploi, légaux, commerciaux, privés, etc.

Tous vos risques significatifs doivent être couverts par des contrats, par des plans de contrôle de dommage, par des provisions ou par des règles d'évitement des risques.

Vos réponses :

Risques sur les personnes	
Risques	**Nom du contrat dressant ce risque**
1.	
2.	
3.	
Risques sur les biens	
Risques	**Nom du contrat dressant ce risque**
1.	
2.	
3.	
Risques de ne pas atteindre ses objectifs minimaux	
Risques	**Nom du contrat dressant ce risque**
1.	
2.	
3.	

Quels sont les règles, les principes et les limites que vous vous êtes fixés ?

Le monde où nous vivons est beaucoup trop complexe et incertain pour être vivable sans règles, sans principes et sans guides. Si notre liberté était totale, notre angoisse serait totale. Les personnes de haut niveau décident de règles simples qu'elles appliquent pour limiter leur risques, leurs incertitudes.

Dans le domaine des risques financiers, vos réponses :

règle **1** ....
....

règle **2** ....
....

règle **3** ....
....

règle **4** ....
....

règle **5** ....
....

règle **6** ....
....

Dans le domaine des risques de santé physique et mentale, vos réponses :

règle **1** ....
....

règle **2** ....
....

règle **3** ....
....

règle **4** ....
....

règle **5** ....
....

règle **6** ....
....

Dans le domaine des risques de votre profession, vos réponses :

règle **1** ....

....

règle **2** ....

....

règle **3** ....

....

règle **4** ....

....

règle **5** ....

....

règle **6** ....

....

Dans le domaine des risques dans votre qualité de vie, vos réponses :

règle **1** ....

....

règle **2** ....

....

règle **3** ....

....

règle **4** ....

....

règle **5** ....

....

règle **6** ....

....

Vos contrats de droits et de pouvoirs

De combien de personnes êtes-vous responsable en privé et dans votre vie professionnelle ? Combien de personnes travaillent dans l'unité dont vous avez la responsabilité ? Quelle est l'évolution de ce nombre sur les dix dernières années ?

Certaines personnes ont l'ambition d'augmenter leurs responsabilités en fonction du nombre de personnes dirigées.

Votre réponse :

- en professionnel, j'ai la responsabilité de ...... personnes, en augmentation de ...... % en moyenne depuis 10 ans.

- en privé, j'ai la responsabilité de ...... personnes, en augmentation de ...... % depuis 10 ans.

Quel est le montant des budgets dont vous avez la responsabilité, dont vous avez la signature ?

Beaucoup de personnes ont l'ambition d'augmenter ce chiffre.

Votre réponse :

- je peux signer pour ...... euros en pleine responsabilité, sans seconde signature. Ce chiffre est en augmentation de ...... % chaque année.

Lister les droits de vote, les pouvoirs que vous avez dans la vie publique, dans votre métier, dans les organisations privées et les sociétés.

Beaucoup de personnes ont l'ambition d'augmenter ou de maintenir ces droits et ces pouvoirs.

Vos droits publics les plus importants pour vous :

1 ....

....

2 ....

....

3 ....

....

Vos droits professionnels les plus importants pour vous :

1 ....

....

2 ....

....

3 ....

....

Vos droits privés les plus importants pour vous :

1 ....

....

2 ....

....

3 ....

....

Décrivez les expertises que vous possédez, les techniques que vous maîtrisez, le savoir rare que vous possédez et que vous pouvez valoriser auprès des autres.

Beaucoup de personnes ont l'ambition d'augmenter ou de maintenir ces expertises qui leur permettent de se valoriser dans leur vie professionnelle ou privée.

Vos réponses :

expertise **1** ....
....

expertise **2** ....
....

expertise **3** ....
....

Décrivez les droits légaux que vous possédez, incluez vos droits par contrats, par règlements internes, par vos titres.

Vous devriez connaître en profondeur les six contrats légaux qui vous concernent le plus.

Vos réponses :

Les contrats les plus importants que vous avez signés dans votre vie
1.
2.
3.
Les titres que vous avez et qui impliquent des droits importants
1.
2.
3.

Décrivez les privilèges que vous possédez, les accès prioritaires que vous avez à des personnes, à des documents, à des réunions, à des événements, etc.

Beaucoup de personnes ont l'ambition d'augmenter ou de maintenir ces privilèges.

Vos réponses :

Je possède les privilèges, les passe-droits suivants :
1.
2.
3.

 # Les entraînements

Entraînement 1 – Connaître vos droits et vos obligations

C'est un exercice de prise de conscience des droits et des obligations. Il est très utile car, souvent, nous ignorons ou nous n'exerçons pas nos droits qui nous sont favorables.

Préparez un dossier avec tous les contrats que vous avez signés (travail, vente, assurance, emprunt, banque, placements, …) et tous les contrats naturels que vous devez appliquer mais que vous n'avez pas dû signer. Écrivez en deux pages la liste de toutes les obligations que vous vous êtes créées en signant ces contrats et la liste de tous les droits que vous avez acquis en signant ces mêmes contrats.

Entraînement 2 – Faire vos contrats

Vous ferez et serez soumis à des centaines de contrats écrits ou tacites dans votre vie. Vous devez, dès le départ, avoir une bonne méthode pour faire ou analyser un contrat.

Concevez un modèle de contrat que vous utiliserez comme base pour rédiger et analyser tous les contrats. Acceptez le moins souvent possible que l'autre partie rédige le contrat : il est plus facile de le rédiger soi-même, plutôt que de « déminer » le contrat rédigé par l'autre partie.

Fixez vos objectifs et
mesurez vos performances

Pour vous donner des idées, voici quelques objectifs souvent choisis.

Augmentation de vos droits et de vos pouvoirs :

- doubler tous les cinq ans le budget dont j'ai la responsabilité ;

- augmenter de 20 % en trois ans le nombre de personnes que je dirige ;

- exercer plus de mes droits acquis par contrat.

Optimisation de vos risques :

- imposer le contrat que j'ai rédigé moi-même dans au moins une transaction sur deux ;

- diminuer le total de mes primes d'assurance de 10 % sans vraiment augmenter mes risques.

Vos plans de progrès

Certains risques sont suffisamment fréquents et probables pour que vous prévoyiez par écrit un plan pour y faire face, sachant que, si vous ne l'avez pas fait, le stress au moment du dommage vous fera prendre de mauvaises décisions.

Ces actions écrites et bien classées sont d'autant plus importantes que, au moment du dommage, vous ne serez peut-être pas en mesure d'appliquer le plan vous-même. Vos proches devront les appliquer à votre place. De nombreux élèves ont un dossier confié à un proche de confiance ou à un notaire. Un exemple simple : Que faire en cas de décès ou d'incapacité de ma part ?

Si les risques les plus probables devaient se concrétiser, décrivez le plan que vous avez organisé pour contrôler les dommages et maîtriser les conséquences. Vous devez avoir rédigé un plan écrit pour chacun de vos six principaux risques.

Votre plan de perte d'emploi

Si je perds mon emploi ou mes clients, voici mes trois premières actions :

1 ....
....

2 ....
....

3 ....
....

Votre plan de perte de capacité

Si je suis blessé, handicapé suite à un accident de voiture ou atteint d'une maladie longue, voici mes trois premières actions :

1 ....
....

2 ....
....

3 ....
....

Votre plan de perte financière

Si je subis une perte significative de patrimoine ou une dette importante, par divorce, par mauvais placement, par accident, …, voici mes trois premières actions :

1 ....

....

2 ....

....

3 ....

....

Votre plan de décès

En cas de décès brutal, voici mes instructions :

1 ....

....

2 ....

....

3 ....

....

Améliorer votre apparence, votre communication et votre leadership

Dans certains domaines de performance, les meilleurs doivent plaire, être « beaux », soignés, bien habillés. Leur maintien, leurs manières doivent être contrôlés et adaptés. Leur communication verbale et non verbale doivent être organisées avec un but précis.

Les élèves champions développent leur autorité, au bon sens du terme : autorité sur le terrain du meilleur des deux joueurs de tennis sur son challenger, autorité du pilote sur le copilote, autorité du chirurgien sur son assistant, … Pour être parmi les meilleurs, il faut développer votre assertivité. Il faut savoir vous imposer à un moment ou à un autre. Il faut vouloir et pouvoir vous faire respecter, s'il le faut.

Pour être parmi l'élite, il faut accepter, quelquefois, de ne pas être aimé. Beaucoup d'élèves ont du mal à faire ce changement de mentalité. Ils devront apprendre à ne pas vouloir être aimé par tout le monde et tout le temps. Il faut, à certains moments, pouvoir être sans cœur, méchant. L'élève apprend que s'il est trop bon, il est battu. C'est dommage à constater, mais c'est la réalité. Pour obtenir quelque chose, il faut souvent battre quelqu'un. Il faut éviter de « tendre l'autre joue » après avoir pris une gifle.

Pour développer son autorité, l'élève fait des exercices. Il apprend à aborder un groupe de personnes et à en prendre le plus vite possible la direction. Il apprend à commander, à jouer systématiquement et sans remord sur les points faibles de son adversaire.

Faites maintenant votre bilan en communication et en leadership

Quels sont vos trois parfums de base ?
Dans quelles circonstances utilisez-vous chacun d'eux ?

Développer une signature est important pour la plupart des meilleurs. La signature olfactive en fait partie. Il faut qu'on se souvienne de vous et de votre odeur.

Vos réponses :

	Parfum	Circonstance
1.		
2.		
3.		

Quels sont les fabricants et le type de vos six paires de chaussures de base. Pour chacune, quelles sont leurs conditions d'utilisation ?

Votre garde-robe doit être strictement organisée et professionnellement choisie. Les chaussures en sont une partie importante.

Vos réponses :

- paire de chaussures 1 : ...... ;
- paire de chaussures 2 : ...... ;
- paire de chaussures 3 : ...... ;
- paire de chaussures 4 : ...... ;
- paire de chaussures 5 : ...... ;
- paire de chaussures 6 : ......

Quelles sont vos trois montres de base et leurs conditions d'utilisation ?

Votre garde-robe doit être strictement organisée et professionnellement choisie. Les montres en sont une partie importante.

Vos réponses :

- montre de travail : ...... ;
- montre de sortie : ...... ;
- montre de sport : ......

Quelles sont les marques et les caractéristiques de vos six habits (haut et bas) de base et leurs conditions d'utilisation ?

Votre garde-robe doit être strictement organisée et professionnellement choisie.

Vos réponses :

- habit 1 : ...... ;
- habit 2 : ...... ;
- habit 3 : ...... ;
- habit 4 : ...... ;
- habit 5 : ...... ;
- habit 6 : ......

Quel est votre défaut de maintien le plus visible ?
Cotez-vous de 1 (mauvais) à 5 (très bon).

Votre maintien est important pour un éventuel passage dans les médias, pour l'impression que vous laissez aux autres, pour votre leadership.

Vos réponses :

Port de tête :
Dos droit :
Assise en voiture et au travail :
Position des épaules :
Démarche :
Ventre plat :
Fesses :
Position à table :
Musculature :

Quelles sont les caractéristiques de votre signature visuelle actuelle ?

Pour laisser une trace, vous devez développer une signature visuelle, une particularité, un style lié à votre personne, une élégance qui vous est propre.

Vos réponses :

Dans la façon de vous habiller :
Dans le choix de vos accessoires vestimentaires :
Dans le choix de l'esthétique de vos équipements :
Dans votre maintien et dans votre langage corporel :

Comment exprimez-vous votre personnalité,
votre existence, votre différence ?

Avoir une personnalité expressive et typée est souvent important.

Vos réponses :

Dans le choix de vos voitures :
Dans le choix de vos lieux d'habitation :
Dans le choix des organisations auxquelles vous appartenez :
Dans le choix de vos loisirs :
Dans le choix de vos œuvres :

Quels sont les trois domaines de culture générale que vous
choisiriez, si vous deviez participer à un jeu de questions
et réponses ?

Avoir une bonne culture générale de conversation, dans au moins trois domaines généraux, est indispensable.

Vos réponses :

Je me suis particulièrement cultivé dans les domaines suivants :
1.
2.
3.

Quel est votre niveau de connaissance de la culture, de l'étiquette, des habitudes des trois milieux sociaux que vous fréquentez ou que vous désirez fréquenter le plus souvent (métier, Internet, haute société, paysannerie, pays, club, golf, etc.) ?

Vous devez bien connaître les milieux dans lesquels vous allez évoluer et vous situer.

Vos réponses de 1 (mauvais) à 5 (excellent) :

	Milieu	Connaissance des habitudes
1.		
2.		
3.		

Quels sont les trois à six rôles sociaux ou professionnels que vous maîtrisez et que vous pouvez alterner rapidement en fonction des circonstances ?

Vous devez apprendre à parfaitement jouer quelques rôles, souvent très différents, et à en changer rapidement, en fonction de vos besoins.

Vos réponses :

Rôle à jouer	Votre capacité à jouer ce rôle (de 1 à 5)
Gentil conjoint	
Conjoint autoritaire	
Gentil parent	
Parent autoritaire	
Amant / maîtresse	
Patron dur	
Patron gentil	
Leader autoritaire	
Leader consensuel	
Personne extravertie	
Personne introvertie	
Assistant dévoué	
Acheteur sceptique	
Vendeur dynamique	
Vedette	

Comment avez-vous organisé votre connaissance, vos contacts avec les personnes des milieux socioprofessionnels « en dessous » du vôtre (plus pauvres, moins éduqués, moins performants, etc.) ?

Vous connaissez souvent bien votre propre milieu et celui juste au-dessus du vôtre, mais vous connaissez souvent mal, à tort, celui en dessous du vôtre.

Votre réponse :

- j'organise ma connaissance du milieu ...... par les actions suivantes ......

Quels sont vos trucs de comportement pour augmenter votre influence sur les autres, votre leadership ?

Vous devez connaître les cinq ou six méthodes de persuasion classiques.

Votre réponse :

■ je me comporte de la façon suivante : ……

Comment avez-vous rédigé votre carte de visite ?

Les cartes de visite des personnes de haut niveau contiennent des informations sensiblement différentes des autres cartes de visite.

Votre réponse :

■ ma carte de visite est différente des cartes de visite classiques : ……

Dans le domaine privé, quelles sont les expertises rares, les connaissances spéciales que vous cultivez (recette de cuisine parfaitement maîtrisée, vin dont vous êtes fin connaisseur, ville dont vous connaissez tous les aspects, artiste que vous suivez de près, science bien connue, etc.) ?

Avoir une telle expertise privée est une facette importante de votre personnalité.

Votre réponse :

■ je connais particulièrement bien la chose suivante : ……

Quelle boisson commandez-vous de préférence quand vous êtes au bar ou au restaurant avec des relations ?

Avoir comme préférence une boisson rare ou sophistiquée fait partie intégrante de l'élaboration de votre image et de la trace qu'elle va laisser dans la mémoire des autres. La plupart des gens qui ont de la personnalité ont une boisson spéciale de prédilection.

Votre réponse :

- je commande ou je prépare la boisson suivante ……

Les entraînements

Voici quelques entraînements classiques. L'instructeur détermine lesquels de ces entraînements sont utiles à votre projet de performance.

Entraînement 1 – Entretenir vos chaussures

La qualité des chaussures induit un préjugé de qualité de la personne qui les porte.

Apprenez à choisir des chaussures de qualité et à les entretenir pour leur donner l'aspect voulu. Tenez compte également des semelles, qui sont souvent plus remarquées que vous ne le pensez. La finesse et la propreté des chaussures sont plus importantes que le prix.

Entraînement 2 – Choisir vos montres

La qualité de la montre induit dans le subconscient un préjugé de qualité de la personne qui la porte.

Le choix de vos montres est important. C'est un élément qui marque inconsciemment les personnes qui vous observent. Choisissez trois montres et les moments pour porter chacune d'elle, en fonction des circonstances et des impressions que vous voulez laisser.

Entraînement 3 – Bien sourire

Le langage non verbal, notamment du visage, est critique dans la communication.

Apprenez à sourire. Apprenez ce qu'est un faux sourire, quand la bouche s'ouvre beaucoup plus que les yeux ne se ferment, par contraste avec un vrai sourire, quand la bouche s'ouvre proportionnellement à la fermeture des yeux. Entraînez-vous à produire de vrais sourires, même quand vous n'en avez pas vraiment envie.

Entraînement 4 – Bien s'habiller

C'est un élément important de la communication et du leadership.

Apprenez à choisir des habits qui vous vont, bien coupés et qui correspondent à vos objectifs et au milieu où vous évoluez. Apprenez à choisir des vêtements « à objectifs » : qui font paraître plus mince et plus grand, qui véhiculent un message, qui sont de bonnes signatures médiatiques. N'hésitez pas à être un peu sur-habillé par rapport à votre entourage. C'est toujours mieux que l'inverse, en cas de doute sur l'habit à porter.

Entraînement 5 – Bien marcher, bien s'asseoir, bien regarder

L'attitude physique et les manières sont souvent un élément déficient de l'éducation passée de l'élève.

Apprenez à paraître bien droit, avec un ventre plat. Apprenez à évoluer au milieu des autres, à regarder ou à ne pas regarder les gens et les objets. Apprenez à ne pas fumer, mais aussi à ne pas refuser un cigare, si les circonstances vous y obligent. L'instructeur vous apprend comment fumer un cigare à la Cubaine ou à la Dominicaine, selon les circonstances.

Entraînement 6 – Bien boire l'alcool

Le vin et la biére sont des drogues dangereuses pour les facultés intellectuelles supérieures.

Apprenez à diminuer votre alcoolémie en mangeant des olives, en buvant deux verres d'eau entre chaque verre de vin, en buvant toujours un peu moins que ceux qui vous entourent.

Entraînement 7 – Développer votre style

Avant d'influencer, vous devez vous faire mémoriser dans le bon sens par les autres. Avant de devenir une personnalité, vous devez d'abord avoir une personnalité.

Apprenez à développer votre propre style, décidez de la signature qui vous différenciera et qui vous fera remarquer sans choquer. C'est une ligne de conduite dans le choix des vêtements, de la voiture, de la décoration d'intérieur. L'entraîneur ne va pas choisir un style à votre place, mais il va détecter une tendance et l'amplifier, vous faire respecter cette tendance à travers tous vos achats et tous vos comportements. Par exemple, si vous le lui demandez, l'instructeur peut même vous aider dans le choix de votre voiture. Il classera les véhicules en fonction de trois critères : la sécurité passive en cas d'accident, l'accord avec votre style, avec votre signature, le budget disponible, calculé en fonction de vos finances. Une liste de trois à cinq véhicules vous est alors proposée.

Entraînement 8 – Bien vous tenir

La supériorité s'affiche souvent par le calme et la modestie, c'est-à-dire par l'élégance.

L'élève est entraîné à commander moins cher, à manger moins et moins vite que les autres participants aux repas ce n'est qu'un exemple.

Entraînement 9 – Être élégant

Vous devez apprendre à faire beaucoup avec peu. Contrairement au style, l'élégance implique l'utilisation avec économie de ce qu'on a.

L'élève apprend l'élégance dans les gestes, dans le comportement. Il s'éduque à économiser ses moyens par rapport au résultat.

Entraînement 10 – Avoir de la culture

La culture impressionne toujours favorablement.

Une future vedette du golf, du football ou du tennis doit savoir répondre à 300 questions de culture générale, parmi les plus fréquentes de celles du milieu qu'il fréquente. Ceci est valable aussi dans bien d'autres métiers.

Entraînement 11 – Connaître votre milieu

L'élève doit être un initié.

> *L'élève apprend l'étiquette, la culture, la civilité du milieu et du domaine dans lequel il compte être le meilleur ou simplement évoluer. L'élève apprend, par exemple, comment manger debout, comment boire un verre de vin cher, comment boire un verre de bière à un comptoir, etc.*

Entraînement 12 – Choisir vos odeurs

L'olfaction est un facteur plus important qu'on ne croit, notamment dans la signature émotive d'une personne. Les odeurs naturelles sont de puissants signaux subconscients. À certains moments, elles doivent être cachées, à d'autres moments, elles doivent être révélées. Elles ont leurs significations subliminales que l'élève doit connaître. Certaines odeurs peuvent rendre des choses irrésistibles.

> *L'élève s'initie à utiliser les parfums et les déodorants de façon appropriée et intelligente. L'entraîneur l'aide à choisir ses trois parfums de base et à les utiliser en fonction des circonstances. Il apprend quand utiliser un déodorant et quand il ne faut pas.*

Entraînement 13 – Soyez un bon acteur, alterner vos rôles

La vie est un théâtre, être le meilleur est un jeu de rôle.

> *Cet entraînement concerne le choix de jeux d'acteur, de rôles, de comportements à objectifs. Comme un acteur, l'élève apprend à improviser dans une ligne de sujets, il apprend à bien jouer trois ou quatre rôles différents, dont il pourrait avoir besoin au cours de son projet. Il apprend à changer rapidement entre ces modèles, entre ces personnalités différentes, étudiées au préalable avec son entraîneur pour leur utilité.*

Entraînement 14 – Trouver votre équilibre entre similarité et familiarité

Le leader augmente progressivement sa similarité tout en diminuant sa familiarité avec son entourage.

L'élève apprend à régler finement et intelligemment sa familiarité avec ses relations. Il apprend à ressembler ou à se différencier des autres, selon les circonstances.

Entraînement 15 – Trouver votre équilibre entre visibilité et accessibilité

Le leader augmente progressivement sa visibilité et diminue son accessibilité avec son entourage.

L'élève apprend à régler et à modifier sa visibilité dans son milieu, son accessibilité aux autres en fonction de l'influence qu'il veut avoir sur eux, en fonction du niveau de leadership dont il a besoin durant une période donnée.

Entraînement 16 – Bien négocier

Savoir négocier est une compétence indispensable, quelle que soit la performance recherchée.

L'élève sera entraîné à obtenir un ticket de métro sans avoir d'argent, à obtenir une place dans un avion qui est annoncé comme complet, à trouver à se loger gratuitement dans une ville qu'il ne connaît pas.

Entraînement 17 – Votre carte de visite

Une carte de visite est souvent la trace que vous laissez. Elle doit être très finement conçue et être flexible pour son contenu.

L'élève s'entraîne à la bonne utilisation des cartes de visite. Il en possède toujours sur lui. Il apprend à ne les donner que si on lui demande et pas spontanément. Il n'y fait imprimer que son nom, sans titres, ni contacts, ni nom de société. En fonction de la personne à qui il donne sa carte, il note avec un stylo de grande qualité, son téléphone, son adresse c'est une simplicité voulue.

La raison de l'absence de société sur la carte est que les élites considèrent souvent leur employeur actuel comme un simple partenaire ponctuel dans leur carrière. La raison de l'absence d'adresse est que les personnes de haut niveau ont différents canaux de communication en fonction des personnes qui veulent les contacter. Quant à leurs titres, ils considèrent souvent qu'ils sont inutiles à imprimer.

Entraînement 18 – Apprendre l'humilité

Un futur champion doit avoir en tête le côté précaire et temporaire de son éventuel succès. Il sera donc entraîné à retrouver, voire à apprécier, des situations où sa modestie et son humilité sont testées.

L'élève devra faire une garde de nuit comme gardien d'hôtel, un travail de nettoyage ou de service dans un café ce ne sont que des exemples.

Entraînement 19 – Exceller dans de petits domaines

Expérimentez le plaisir d'être vraiment le meilleur de son entourage, même si le domaine d'excellence est minuscule.

L'élève doit prouver sa maîtrise dans trois savoirs spéciaux de son choix (en histoire, en politique, en science, en art, en gastronomie, …) en plus de son savoir en culture générale.

Fixez-vous des objectifs et mesurez vos performances

Voici quelques exemples d'objectifs que les élèves se fixent souvent dans ce domaine.

- Vérifier si une personne se souvient de votre nom après une brève rencontre.

- Calculer le nombre de fois où vous obtenez une place dans un endroit, à un événement annoncé comme complet.

- Calculer le nombre d'invitations que vous recevez par semaine et organisez-vous pour faire augmenter ce nombre, non pas pour répondre à toutes, mais pour avoir un choix plus grand.

- Vérifier régulièrement que votre « armement de communication » est toujours complet et parfaitement entretenu : habits, chaussures, parfums, objets personnels, coiffure, accessoires, voitures, décoration d'intérieur, objets d'art, stylos et papiers, etc.

- Vérifier que vous avez le leadership, l'influence nécessaire pour faire faire à une personne ou à un groupe une chose, un changement que vous avez décidé de leur faire faire, sans en avoir l'autorité formelle.

- Mesurer l'extension progressive des mandats qu'on vous confie.

- Mesurer l'augmentation du nombre de personnes dans votre carnet d'adresse.

- Mesurer l'évolution du nombre de pages que vous publiez chaque année.

- Mesurer l'évolution du nombre de lecteurs ou d'auditeurs de vos présentations.

Vos plans de progrès

Vos plans d'achats de matériel de communication personnelle. Notez vos trois prochaines actions / décisions :

1 ....

....

2 ....

....

3 ....

....

Votre choix de cibles (personnes ou groupes de personnes) sur lesquelles vous devez améliorer votre influence. Notez vos trois prochaines actions / décisions :

1 ....

....

2 ....

....

3 ....

....

Vos plans de correction de votre plus important défaut de maintien, de culture, de style, de communication. Notez vos trois prochaines actions / décisions :

1 ....

....

2 ....

....

3 ....

....

Améliorer vos relations humaines

Une personne qui a des problèmes familiaux, qui a de mauvaises relations avec les autres ou qui a peu de relations aura plus de mal à se hisser parmi les meilleurs. Sauf si c'est un génie, mais les génies sont rares. Une personne qui a de l'ambition en affaires, en politique ou en sport doit gérer entre 100 et 200 relations. L'entraînement aux bonnes relations avec les autres, l'entraînement à se faire des amis, est indispensable pour ceux qui veulent être au plus haut niveau dans quelque domaine que ce soit.

Au cours de votre vie, vous avez tissé un réseau de relations avec des hommes et des femmes. Pour certains, vous les avez choisis, par exemple vos amis, pour d'autres, vous ne les avez pas choisis, comme vos parents ou votre contrôleur des impôts.

Certaines de ces relations ont un but financier, en particulier vos clients et vos collègues de travail, d'autres ont un but de plaisir, notamment vos amis. D'autres encore peuvent avoir un but de fierté, par exemple vos enfants.

Vous avez aussi des relations sociales plus lointaines, avec des gens que vous pourriez même ne jamais avoir vu. Avec votre voisinage, avec votre communauté, avec votre milieu social, avec vos mandataires, etc.

Les trucs et astuces pour avoir de bonnes relations sont bien établis. Ce qui importe, c'est que l'élève pense constamment à les appliquer et c'est là que le coaching est important. Vous devrez apprendre à :

- dire non sans vexer ;

- sourire véritablement ;

- serrer la main de la bonne façon ;

- obtenir un oui à une demande de rendez-vous ;

- répondre à une interview ;

- éluder une question ;

- vous faire des amis ;

- aborder une personne que vous ne connaissez pas et obtenir rapidement quelque chose d'elle ;

- entretenir une relation suivie avec une personne importante.

Pourquoi faire d'abord votre bilan social ? Pour mieux connaître vos « clients ». Pour mieux vous adapter, pour mieux vous faire apprécier, si tel est votre but. Mais aussi pour mieux évaluer vos risques relationnels comme les accidents de relation : divorce, conflits au travail, qui ont souvent des conséquences dramatiques.

Faites maintenant le bilan de vos relations

Ces questions vous aideront à mieux connaître vos relations mais aussi à mieux vous connaître.

À qui devez-vous poser ces questions ? À vous d'abord. Mais aussi aux dix à vingt personnes qui sont les plus proches de vous, celles qui vous connaissent le mieux.

Nous les avons réparties en trois catégories : les questions qui concernent le premier cercle de vos relations, les plus intimes, puis celles qui concernent votre deuxième cercle, les relations fréquentes mais moins privées, enfin celles qui concernent votre troisième cercle, les relations les plus formelles.

Le premier cercle

C'est le cercle de vos relations les plus proches, les plus intimes, les plus émotionnelles.

Si vous êtes marié ou co-habitant, quelle est votre estimation de vos risques de divorce ou de séparation dans les cinq ans ? Quelle est l'estimation de votre compagne / compagnon pour ce même risque ?

Un divorce ou une séparation est un risque important à prévenir ou à gérer. Posez cette question à votre conjoint (e) ou compagne / compagnon et comparez vos réponses. Ce n'est plus un sujet tabou aujourd'hui.

Vos réponses :

Risque de séparation ou divorce	J'estime notre risque de séparation ou divorce dans les cinq ans à ...... sur 5	Mon / ma conjoint (e) ou co-habitant (e) estime ce même risque à ...... sur 5
Quasi nul		
Peu probable		
Possible		
Probable		
Quasi certain		

Si vous avez des enfants, quelle est votre estimation des risques de conflit majeur entre vous ?

Un conflit majeur avec vos enfants est un événement difficile à gérer. Prévoyez et maîtrisez ce risque. Posez cette même question à vos enfants et comparez vos réponses. Mieux vaut connaître leur opinion avant qu'un conflit ne se présente. Cela peut paraître une curieuse question, mais elle en vaut la peine.

Vos réponses :

Risque de conflit	J'estime le risque à _ sur 5 avec l'enfant le plus sensible à ce risque	Mon enfant le plus sensible à ce même risque l'estime à _ sur 5
Quasi nul		
Peu probable		
Possible		
Probable		
Quasi certain		

Combien avez-vous d'amis intimes, d'amis que vous voyez plus de deux heures au moins deux fois par mois ?
Ce chiffre est-il en augmentation ou en diminution ?

Avoir de vrais amis est important. Si vous constatez que ce nombre est en diminution ou très faible, posez-vous la question de savoir pourquoi.

Vos réponses :

- j'ai …… amis intimes que je contacte souvent ;
- ce nombre est plus ou moins important qu'il y a deux ans.

Au travail, comment jugez-vous l'entente actuelle avec votre supérieur direct ou avec votre client le plus important ?
Comment jugez-vous l'entente actuelle avec votre subordonné ou avec votre fournisseur le plus important ?

Si vous répondez « mauvaise » ou « en conflit majeur » à l'une de ces deux questions, vous devez certainement mettre en place un plan de correction de cette situation.

Vos réponses :

Niveau d'entente		Avec ……, mon supérieur ou principal client, j'estime l'entente actuelle à … sur 5	Avec ……, mon subordonné ou principal fournisseur, j'estime l'entente actuelle à … sur 5
Parfaite	5		
Bonne	4		
Neutre	3		
Mauvaise	2		
En conflit majeur	1		

Qui est le compétiteur, l'adversaire, la personne qui vous aime le moins ? En privé et dans la vie professionnelle.

Identifiez et apprenez à connaître les personnes qui pourraient vous nuire ou vous refuser leur aide.

Vos réponses :

- en privé, c'est …… (prénom et nom) ;
- dans la vie professionnelle, c'est …… (prénom et nom).

Quel est le conflit interpersonnel le plus important que vous gérez actuellement ? Décrivez-le en quelques mots pour le privé et de même pour le domaine professionnel.

L'exercice de décrire par écrit vos conflits avérés ou potentiels vous aidera à mieux les comprendre et à mieux les maîtriser.

Vos réponses :

- ma description de mon conflit relationnel le plus important en privé est …… ;
- ma description de mon conflit relationnel le plus important dans la vie professionnelle est ……

Quelles sont les douze personnes que vous aimez le plus ? Nommez six personnes en privé et six dans la vie professionnelle.

Classez leurs noms par ordre d'importance pour vous. Ne mettez pas d'ex æquo. Si vous hésitez entre deux personnes pour une place, reportez-vous à vos comportements réels : à laquelle des deux donnez-vous le plus de votre temps, le plus de votre attention, le plus de votre argent ? Avec qui aimez-vous passer le plus de temps ? Pour séparer les ex æquo, pensez à celle des deux dont la disparition vous ferait le plus de peine. Exercice difficile, mais indispensable.

Cet exercice est un miroir que vous vous tendez. Bien identifier et bien connaître les personnes que vous aimez le plus vous permet de prévenir les séparations et de porter vos efforts là où ils seront les plus fructueux pour vous.

Vos réponses :

	En privé		Dans la vie professionnelle	
	Prénom	Nom	Prénom	Nom
1.				
2.				
3.				
4.				
5.				
6.				

Pour chacune des personnes aimées ou appréciées que vous avez citées, devinez le rang que vous occuperiez vous-même sur leur liste, si cette personne devait répondre à la même question ?

Si vous aimez beaucoup une personne qui vous aime nettement moins, ou l'inverse, il faut préciser et gérer cette situation.

Votre réponse :

Nom	Rang où je pense que cette personne me mettrait dans sa liste des personnes qu'elle aime le plus

Quelles sont les douze personnes que vous aimez le moins dans vos relations ? Nommez-en six en privé et six dans la vie professionnelle.

Classez leurs noms par ordre d'importance pour vous. Ne mettez pas d'ex æquo. Si vous hésitez entre deux personnes pour une place, reportez-vous à vos comportements réels : à laquelle des deux donnez-vous le moins de votre temps, le moins de votre attention, le moins de votre argent. Pour séparer les ex æquo, pensez à celle des deux dont la disparition vous affecterais le moins.

Cet exercice très difficile est un miroir que vous vous tendez.

Vos réponses :

	En privé		Dans la vie professionnelle	
	Prénom	Nom	Prénom	Nom
1.				
2.				
3.				
4.				
5.				
6.				

Pour chacune d'elle, devinez le rang que vous occuperiez vous-même, si cette personne devait répondre à la même question ?

Si vous n'aimez pas une personne qui vous aime, ou l'inverse, il faut préciser et gérer cette situation.

Votre réponse :

Nom	Rang où je pense que cette personne me mettrait dans sa liste des personnes qu'elle aime le plus

Quels sont les trois plaintes, les trois reproches les plus fréquents que les gens vous adressent personnellement ? Considérez les plaintes par rapport à votre personne et les plaintes par rapport à vos comportements. Soyez précis, donnez des exemples concrets.

Il est important de préciser et de décrire par écrit les plaintes vis-à-vis de vous des personnes que vous côtoyez. Cela vous permet de les comprendre et de les diminuer.

Vos réponses :

Plaintes de votre famille ou de vos amis proches, par ordre de fréquence :
1.
2.
3.

Plaintes de vos supérieurs dans votre entreprise :
1.
2.
3.

Plaintes de vos collaborateurs dans votre entreprise :
1.
2.
3.

Avez-vous des relations que vous souhaitez garder secrètes extraconjugales, illégales, discrètes, participation à des organisations confidentielles, etc. ?

Ces relations doivent être prises en considération car elles sont souvent lourdes, envahissantes. Elles influencent votre comportement, sans que vous puissiez donner d'explications à vos relations, ce qui crée vite un déséquilibre délicat à gérer.

Vos réponses :

■ en privé, j'ai des contacts avec …… (utilisez un nom de code) qui ne sont pas ou peu connus ;

■ dans la vie professionnelle, j'ai des contacts avec …… (utilisez un nom de code) qui ne sont pas ou peu connus.

Le deuxième cercle de vos relations

Après avoir analysé vos relations avec les six à douze personnes de votre premier cercle, focalisez-vous sur les personnes moins intimes avec qui vous interagissez, que ce soit pour obtenir un revenu comme dans votre entreprise ou pour le plaisir, par exemple, dans un club.

Nommez les personnes, en dehors des personnes citées dans le cercle précédent, à qui vous déléguez certaines responsabilités, à qui vous donnez de l'argent, que vous encadrez, que vous supportez, ou encore dont vous dépendez des services en privé ou dans la vie professionnelle.

Classez-les par ordre d'importance d'aide, de support, de services qu'elles vous apportent ou qu'elles vous coûtent.

Identifier clairement ces personnes est la première étape indispensable pour une amélioration planifiée de vos relations.

Vos réponses :

	En relation rémunérée		En relation non rémunérée : temps, service, support, etc.	
	Prénom	Nom	Prénom	Nom
1.				
2.				
3.				
4.				
5.				
6.				

Faites la liste des personnes dont vous êtes certain qu'elles assisteraient à votre enterrement, si vous deviez mourir demain.

Cette question vous aide à faire la liste complète de vos premier et deuxième cercles de relations. Vérifiez si vous n'avez oublié personne.

Votre réponse :

■ je suis certain que les personnes suivantes assisteraient à mon enterrement.

Citez, par ordre de temps consacré, les noms de tous les clubs, cercles, associations, partis, églises, auxquels vous appartenez ou participez régulièrement. Notez le rang que vous occupez actuellement dans ces associations, par rapport à votre rang il y a deux ans. Avez-vous progressé ou régressé dans ces responsabilités sociales ?

Il s'agit de savoir si vos responsabilités dans ces organisations évoluent réellement dans le sens que vous désirez : engagement ou désengagement ?

Vos réponses :

	Organisation	Votre rang actuel	Votre rang il y a deux ans
1.			
2.			
3.			
4.			
5.			
6.			

Le troisième cercle de vos relations

Ce sont des personnes qui pourraient interférer avec vous : votre propriétaire, votre locataire, votre député, votre échevin, votre agent de quartier, vos commerçants habituels, votre inspecteur des contributions, vos voisins, etc.

Ce sont des personnes dont les contacts sont souvent contractuels ou obligatoires. Ce sont des personnes que vous pourriez ne jamais avoir vues mais dont les décisions pourraient influencer votre vie. C'est votre milieu social. C'est malheureusement aussi le niveau de criminalité dans votre milieu.

Listez les douze personnes les plus influentes de votre troisième cercle.

Utilisez leurs titres, si vous ne connaissez pas leurs noms. N'utilisez pas les noms que vous avez déjà cités dans vos premier et deuxième cercles.

Vous devez connaître et gérer les six à douze personnes avec lesquelles vous devez avoir un bon contact. Elles pourraient entrer en conflit avec vous ou au contraire vous être utiles. Elles ont un pouvoir sur vous, un contrat avec vous, des éléments de droit peuvent vous lier.

Vos réponses :

	Nom	Pouvoir potentiel sur vous
1.		
2.		
3.		
4.		
5.		
6.		
7.		
8.		
9.		
10.		
11.		
12.		

*Si vous continuez votre vie comme vous l'organisez
actuellement et si vous atteignez vos objectifs,
dans quelle classe sociale serez-vous dans 10 ans ?*

Beaucoup de personnes estiment naturel de faire mieux que leurs parents. Et vous ?

Vos réponses :

Dans dix ans, j'aurais réalisé une ascension sociale :	Exemples
Exceptionnelle	Grands hommes et femmes à réputation nationale ou internationale
Excellente	Deux classes sociales de plus que mes parents
Bonne	Une classe sociale au-dessus de mes parents
Normale	Même classe sociale que mes parents
Difficile	Une ou deux classes sociales en dessous de celle de mes parents
Tragique	Destin tragique

*Faites la liste des événements criminels ou violents dans
votre environnement : ceux dont vous avez été témoin, ceux
dont vous avez entendu parler par des proches, ceux
dont vous avez souffert durant les douze mois qui viennent
de s'écouler. Si vous aviez dû faire cette liste il y a cinq ans,
aurait-elle été plus ou moins préoccupante ?*

Cette question permet de déterminer si vous devez intégrer dans vos plans la recherche d'un milieu moins violent et moins criminel. Si votre réponse montre une dégradation de la sécurité de votre cadre de vie, agissez.

Vos réponses :

	Événements violents	Brève description
1.		
2.		
3.		
4.		
5.		
6.		

Cette liste était-elle été plus ou moins préoccupante il y a cinq ans ?

Avez-vous les relations que vous voulez ?

Vous allez comparer vos objectifs de relations avec la réalité, celle de votre agenda.

Faites la liste des dix personnes avec lesquelles vous avez les contacts les plus fréquents et les plus longs actuellement. Correspond-t-elle à votre volonté, à vos désirs et à vos objectifs ?

Pour vous aider, minutez vos contacts des trois dernières semaines, en incluant les week-ends. Un contact peut être une conversation, un appel téléphonique, ... Soyez sûr d'inclure votre patron, votre femme, le patron de votre patron, vos enfants, vos amis, vos collatéraux, vos subordonnés, vos consultants, vos fournisseurs, vos clients, vos voisins, etc.

L'importance que vous donnez à vos relations doit correspondre au temps que vous leur consacrez. Si, en revoyant votre agenda, vous constatez une différence significative entre ce que vous dites, ce que vous désirez et ce que vous faites réellement, c'est le moment de faire un plan de changement.

Vos réponses :

Personnes	Nombre de minutes de contact par semaine (la réalité)	Nombre de minutes de contact par semaine (votre idéal)
1.		
2.		
3.		
4.		
5.		
6.		
7.		
8.		
9.		
10.		

Avec ces résultats en main, quelles personnes devriez-vous voir plus ? Quelles personnes devriez-vous voir moins ?

Comment gérez-vous vos contacts ? Avez-vous une discipline, une organisation personnelle, un logiciel pour mieux gérer vos relations (rappel d'anniversaire, rappel de clients, envois automatisés, nombres minimaux de contacts par mois) ?

Beaucoup de personnes qui dépendent de leur réseau de relations gèrent ces contacts avec rigueur.

Votre réponse :

- j'applique les règles suivantes pour bien gérer les contacts les plus importants pour ma carrière, pour ma famille, pour mon travail.

    règle **1** ....
    ....

    règle **2** ....
    ....

    règle **3** ....
    ....

Voilà, vous avez fait le bilan de vos relations ! Satisfait ? Sinon, entraînez-vous !

 Les entraînements

Si vous voulez changer, évoluer, réorganisez la gestion de vos contacts et de vos relations. Commencez par une classification de vos contacts le plus importants actuels et futurs (désirables, ciblés).

Si un bon réseau de contacts est important pour réaliser vos performances, performances politiques ou commerciales par exemple, l'instructeur vous formera à l'utilisation efficace d'un logiciel personnel de gestion de contacts.

L'élève est entraîné à refaire son carnet d'adresses en fonction de ses objectifs et à le recentrer sur la compétition qu'il engage, qu'elle soit commerciale, sportive, militaire ou politique.

Entraînement 1 – Stabiliser vos contacts déjà acquis

Pour être sûr de garder ses amis et ses relations.

L'élève choisit les dix personnes avec qui stabiliser ses contacts actuels. Il planifie des contacts réguliers avec ces personnes par divers canaux.

Entraînement 2 – Acquérir une relation

De nouvelles relations sont souvent nécessaires, si l'on veut progresser dans un domaine.

L'élève choisit les nouvelles personnes cibles avec qui établir, acquérir des contacts suivis. Il organise son approche après avoir étudié la personne avec qui il veut entrer en relation.

L'élève acquiert ainsi les relations désirables, ciblées en vue de la performance. L'acquisition d'une nouvelle relation se fait par une approche programmée de la personne ciblée. L'élève effectue ses démarches en suivant les plans et en les adaptant, selon les circonstances, avec son instructeur.

Entraînement 3 – Geler ou clôturer une relation

Il faut quelquefois éliminer ou geler une « mauvaise » relation du point de vue des changements que vous voulez pour vous.

L'élève choisit les personnes avec qui il veut clôturer ou geler les contacts actuels. Clôturer temporairement une relation se fait soigneusement en suivant la procédure du programme, sans choquer, ni dénigrer la personne avec laquelle la relation est interrompue.

Entraînement 4 – Améliorer son intelligence sociale

Certains individus ont une intelligence sociale assez peu développée, mais veulent malgré tout progresser dans des domaines où les contacts humains sont importants.

L'élève s'entraîne à améliorer son intelligence sociale, son intelligence émotionnelle au cours de six séances, ou plus, si la performance qu'il vise est fortement influencée par cette compétence : élection, vente, etc.

Fixez-vous des objectifs et mesurez vos performances

Voici quelques objectifs souvent choisis :

– Avoir acquis de bonnes relations avec la personne désirée dans les six mois.

– Avoir gelé une relation avant un mois.

– Gérer tous mes contacts important avec Outlook.

– Avoir totalement régler le conflit avec une personne dans une semaine.

– Avoir discuté au moins deux heures de l'amélioration de mes relations avec les trois personnes avec qui j'ai les plus mauvaises relations, mais avec qui je dois vivre.

Vos plans de progrès

Les plans suivants sont les plus souvent activés dans la méthode Topten :

– clôture temporaire d'une relation ;

– clôture définitive d'une relation ;

– amélioration d'une relation ;

– acquisition d'une relation.

Ces plans précisent le nombre de contacts à avoir avec la personne, le canal de contact, la forme optimale de communication, etc. Bien entendu, ce ne sont que des conseils pratiques, issus de nombreuses expériences. C'est à l'entraîneur d'aider son élève à adapter ces plans à sa situation.

Votre propre plan pour la clôture de relations que vous jugez néfastes. Notez vos trois prochaines actions :

1 ....
....

2 ....
....

3 ....
....

Votre propre plan pour l'acquisition de relations cibles. Notez vos trois prochaines actions :

1 ....
....

2 ....
....

3 ....
....

11

Améliorer votre information

Savoir, c'est pouvoir. Pour être parmi les meilleurs, c'est simple, vous devez être parmi ceux qui ont les meilleures informations. Si vous savez un peu plus que les autres, un peu avant les autres, c'est bien parti pour vous. Toutes les armées du monde consacrent plus de 10 % de leur budget à la collecte d'intelligence, de renseignements et d'informations. Tous les grands sportifs ont un assistant qui s'occupe des statistiques et des concurrents. Les entreprises qui vendent des informations sur vos compétiteurs et sur vos marchés sont nombreuses.

Les meilleurs sont au niveau où ils sont parce qu'ils savent ce qu'il faut savoir au bon moment. Connaître la bonne information est crucial, surtout quand on est en compétition, en affaires ou en campagne. Les champions de cyclisme, d'automobiles, portent presque tous une oreillette, un casque d'écoute. Leur entraîneur leur dit ce qu'ils doivent savoir au bon moment. Les managers ont des téléphones mobiles. Leurs assistants peuvent leur communiquer discrètement et à tout moment les réponses à leurs questions. Les politiques ont souvent un assistant à portée d'oreille pour leur souffler imperceptiblement qui est qui, qui fait quoi. Les commandants militaires en campagne ont un casque et un micro. Sans information à la demande, ils ne peuvent pas gagner.

Faites d'abord la liste de ce que vous voudriez savoir pour réussir, pour gagner le combat dans lequel vous venez de vous engager. Mettez ensuite en place une organisation qui répondra à vos questions, qui vous donnera l'information dont vous avez besoin au moment où vous en avez besoin. Organisez un classement de vos informations pour les rendre vite accessibles.

Faites maintenant le bilan de vos informations

Citez vos douze documents les plus importants (électroniques ou papier) et leur localisation exacte.

Vous devez savoir où sont vos informations importantes. Elles doivent être bien rangées et organisées. Aucun des documents, des textes que vous jugez importants ne doit manquer, ni mettre du temps à trouver.

Vos réponses :

	Nom du document	Lieu précis de rangement
1.		
2.		
3.		
4.		

5.		
6.		
7.		
8.		
9.		
10.		
11.		
12.		

*Citez les six logiciels de gestion d'information que
vous maîtrisez (gestionnaire de base de données, moteur de
recherche, gestionnaire d'informations personnel,
gestionnaire de contacts, gestionnaire de projets, etc.).*

Les informations utilisées par les personnes en
compétition sont toujours très nombreuses. Elles
doivent donc être gérées par des logiciels plutôt que
sur papier. Vous devez connaître quelques outils de
gestion des informations, notamment pour avoir
accès à ces informations sans devoir vous déplacer.

Vos réponses :

	Nom du logiciel	Niveau de maîtrise
1.		
2.		
3.		
4.		
5.		
6.		

Faites la liste des douze questions dont les réponses vous sont indispensables pour bien gérer votre vie et vos performances.

Cette question est très utile pour répertorier les informations dont vous avez besoin pour mieux fonctionner.

Vos réponses :

question **1**..

....

question **2**..

....

question **3**..

....

question **4**..

....

question **5**..

....

question **6**..

....

question **7**..

....

question **8**..

....

question **9**..

....

question **10**..

....

question **11**..
....
question **12**..
....

Citez le nom des douze indicateurs dont vous avez besoin des valeurs pour bien gérer et mesurez vos performances, vos progrès, vos améliorations.

Cette question aide beaucoup d'élèves à faire la liste des informations dont ils ont besoin pour bien fonctionner et réaliser leur performance.

Vos réponses :

	Indicateurs mesurables de mes performances et changements	Valeur actuelle	Valeur désirée
1.			
2.			
3.			
4.			
5.			
6.			
7.			
8.			
9.			
10.			
11.			
12.			

Citez les noms des douze experts ou conseillers dont vous avez ou pourriez avoir besoin pour mieux gérer vos progrès et vos performances.

Vous ne pouvez pas tout savoir, toutes les informations ne sont pas dans les ordinateurs. Vous aurez toujours besoin de spécialistes à vos côtés. Vous avez donc tout intérêt à faire une liste avec leurs noms et leurs contacts. Méfiez-vous des conseillers gratuits, ils ne le sont jamais vraiment.

Vos réponses :

	Nom du conseiller	Domaine	Mode de contact	Coût horaire
1.				
2.				
3.				
4.				
5.				
6.				
7.				
8.				
9.				
10.				
11.				
12.				

Citez les noms et les adresses des six bases de données qui pourraient vous être les plus utiles.

De plus en plus d'informations sont groupées, organisées en base de données (*Who's who*, encyclopédies, annuaires, fiches techniques, etc.).

Vos réponses :

	Nom de la base de données	Moyens d'accès
1.		
2.		
3.		
4.		
5.		
6.		

*Citez les noms et les adresses des trois « help desk »
qui pourraient vous être le plus utiles pour réaliser votre
projet de performance.*

De plus en plus de sociétés s'organisent pour vendre de l'information aux élites, aux concurrents. Elles proposent des « *help desk* » très spécialisés pour les managers, pour les sportifs, pour les politiques, pour les artistes, etc. Elles vous donnent l'information demandée par téléphone ou par internet.

Vos réponses :

	Spécialité	Téléphone	Coûts
1.			
2.			
3.			

Les entraînements

Entraînement 1 – Avoir les meilleurs équipements

Une performance est réalisée par un ensemble : élève et équipement.

Vérifier que vous disposez du meilleur matériel pour augmenter vos performances : matériel informatique, armement, équipement sportif, etc., selon la discipline où la performance est recherchée.

Entraînement 2 – Mieux connaître les logiciels d'information

Le logiciel est l'outil qui aidera de plus en plus les élèves à réussir.

L'entraîneur apprend à son élève à connaître et à se servir de tous les logiciels qui pourraient l'aider à augmenter ses performances, choisis selon son domaine :

– logiciels d'aide à la productivité intellectuelle ;

– logiciels de jeux ;

– logiciels de simulation de sport ;

– logiciels d'entraînement à la résistance au stress ;

– logiciels d'entraînement aux tâches multiples ;

– logiciels d'aide à la relaxation ;

– logiciels d'aide à la décision et vos systèmes experts légers.

Entraînement 3 – Maîtriser toutes vos sources d'informations

C'est le couple élève information qui réalise la performance.

L'élève doit faire la liste de toutes les sources d'informations dont il pourrait avoir besoin pour réussir son projet.

Entraînement 4 – Obtenir l'information

Une information n'est utile que si elle est là au bon moment.

L'élève s'organise un accès rapide et précis à ses sources d'informations pour une consultation en direct ou via une personne compétente. L'élève est jugé à la rapidité qu'il met à accéder à ses informations.

Entraînement 5 – Analyser vos besoins en information

Vous ne devez jamais vous contenter de ce qu'on veut bien vous donner comme informations. Vous devez penser d'abord à ce dont vous avez besoin et ensuite chercher les réponses à vos questions.

L'élève fait la liste de toutes les questions dont il aura besoin des réponses pour réussir son projet.

Entraînement 6 – Utiliser un conseiller

Certaines informations ne peuvent être données que par un humain, mais elles sont alors très chères.

L'élève s'entraîne à trouver et à consulter l'expert adéquat, au meilleur prix. Il apprend à poser des questions précises et fermées pour optimiser le prix qu'il paie pour s'informer.

Entraînement 7 – Trouver une information sur Internet

Beaucoup d'informations sont facilement accessibles, et gratuites, sur Internet, ce qui vous évite de faire appel à quelqu'un.

L'élève s'entraîne à connaître parfaitement un moteur de recherche Internet et un gestionnaire de base de données simple.

Entraînement 8 – Créer sa propre base de savoirs

L'élève a souvent déjà créé une base de savoirs personnelle, mais il doit la réorganiser pour s'améliorer.

L'entraîneur demande à l'élève de préciser rapidement l'emplacement exact où se trouvent ses vingt documents et dossiers les plus importants pour lui, que ce soient des documents papiers ou informatisés.

Entraînement 9 – Travailler à distance

Vous devez pouvoir avoir accès à toutes vos informations, en dehors de l'endroit où sont ces informations.

L'élève doit pouvoir accéder à chacun de ses documents en un minimum de temps, quelle que soit sa situation de travail (lieu géographique, environnement, etc.) et sa distance par rapport à ces documents. La question sera, par exemple : « Vous êtes dans un hôtel à Moscou et vous avez besoin du document du projet C, comment allez-vous l'obtenir et en combien de temps ? ».

Entraînement 10 – Organiser votre savoir

Savoir, c'est pouvoir.

Les entraîneurs organisent l'information de leurs poulains en trois étapes :

➤ *Étape 1*

L'entraîneur analyse d'abord les besoins en information du futur champion. Cette analyse est essentielle. Elle peut prendre plusieurs jours. Quelles sont ses questions les plus fréquentes ? Que doit-il savoir et à quel moment ? Comment lui simplifier le trop d'information qu'il pourrait recevoir ? Qu'est-ce qui est important à savoir dans telle situation et qu'est-ce qui ne l'est pas ?

➤ *Étape 2*

L'entraîneur organise la base de connaissances de son élève. C'est une base de méta-connaissances qui comporte non pas les savoirs eux-mêmes mais les adresses des savoirs, des informations, des dossiers, des experts. L'élève ne doit pas tout savoir, il doit seulement savoir où trouver vite ce dont il a besoin, dans un livre, sur un site Web, chez un expert, etc.

➤ *Étape 3*

L'entraîneur organise les canaux de communication entre son élève et l'information. Toute question d'une personne en compétition doit avoir une réponse rapide donnée par quelqu'un, que ce soit une secrétaire, un assistant, un coach ou un help desk. Souvent, les questions sont prévisibles, il n'y a donc aucune excuse à ce que la performance de l'élève soit moindre parce qu'il n'est pas allé chercher l'information nécessaire.

Fixez-vous des objectifs et mesurez vos performances

Voici quelques exemples d'objectifs :

- ne pas mettre plus de dix minutes pour trouver une information critique ;

- atteindre le bon expert et obtenir les aides voulues en moins d'une heure ;

- apprendre un logiciel de gestion d'information.

Vos plans de progrès

Votre plan pour mettre tous vos documents en ordre et en place sur votre ordinateur et dans vos bureaux. Notez vos trois premières actions :

1 ....

....

2 ....

....

3 ....

....

Votre plan pour organiser votre réseau préféré d'experts et de *help desk*. Notez vos trois premières actions :

1 ....

....

2 ....

....

3 ....

....

Votre plan pour faire la liste de vos douze questions, de votre besoin en information pour réussir. Notez vos trois premières actions :

1 ....

....

2 ....

....

3 ....

....

Améliorer votre gestion d'équipe et de projet

Vous ne pouvez pas être le meilleur tout seul. Vous avez besoin de l'aide d'une équipe, d'un plan pour coordonner vos efforts, d'un projet.

Beaucoup de performances de haut niveau requièrent une équipe. Même si l'élève recherche une performance individuelle, il devra savoir gérer une équipe, déléguer, répartir le travail.

Dans beaucoup de domaines de performance, vous allez devoir gérer de petits projets : un championnat, une élection, un projet de fusion ou d'acquisition, un projet d'aide humanitaire, etc.

L'entraîneur s'assure que vous connaissez la technique des projets et l'utilisation d'un logiciel simple pour les gérer.

Mais avant de commencer, il doit faire le bilan de ce que l'élève pratique déjà.

Faites maintenant le bilan de votre équipe et de vos projets

Votre équipe de support

Si vous n'avez encore aucune équipe, aucun réseau, faites la liste des compétences dont vous auriez besoin et, pour chacune d'elles, combien de temps pensez-vous en avoir besoin ? Nommez uniquement des compétences, des capacités et des personnes.

Vous ne pourrez pas réussir seul. Vous aurez toujours besoin de support, d'aide, d'entourage. Même s'il n'est constitué que de quelques supporters, parents et amis. De ce groupe disparate, vous devrez faire une équipe, pour vous aider à changer.

Votre réponse :

	Compétence / aide nécessaire	Personne dans mon entourage
1.		
2.		
3.		
4.		
5.		
6.		

Avez-vous vraiment autour de vous une équipe qui pourrait vous aider à être meilleur, à réussir vos projets ?

Une équipe, ce sont des personnes qui savent et acceptent le travail en équipe et la charge de travail qu'il faut y consacrer.

Votre réponse :

- citez les noms des membres de votre équipe ou réseau actuel et, pour chacun, le temps qu'il y consacre.

	Personne	Heures par semaine consacrées à mon support
1.		
2.		
3.		
4.		
5.		
6.		

Quel est le défaut majeur de votre équipe actuellement ?

Une équipe doit constamment se travailler, s'améliorer. C'est au futur champion de faire ce travail.

Votre réponse :

Défaut / faiblesse **1** ....

....

Défaut / faiblesse **2** ....

....

Défaut / faiblesse **3** ....

....

Quelles sont les méthodes de travail en équipe dont vous avez convaincu les membres de l'utilité (pour se réunir, pour s'informer mutuellement, pour mettre son savoir en commun, pour s'envoyer des courriers efficacement).

On ne peut pas travailler bien en équipe spontanément, intuitivement, sans méthode.

Votre réponse :

Méthode **1** ....

....

Méthode **2** ....

....

Méthode **3** ....

....

Vos projets

*Avez-vous organisé vos projets personnels comme
de vrais projets professionnels ? Quelles sont les règles et
les méthodes de gestion de projet que vous appliquez ?*

Un projet de haute performance est toujours un peu complexe, un peu long. Il ne peut pas se gérer intuitivement, sans méthode. C'est quelquefois efficace, mais pas toujours.

Votre réponse :

- j'applique les techniques de gestion de projet suivantes.

Technique **1**..

....

Technique **2**..

....

Technique **3**..

....

Les entraînements

Entraînement 1 – Vous servir de votre entourage

Au début, beaucoup d'élèves n'ont comme équipe que quelques volontaires de leur entourage.

L'élève apprend à voir son entourage comme une équipe potentielle qui peut l'aider à réussir son projet.

Entraînement 2 – Organiser vos activités en projet

Au début, beaucoup d'élèves font les choses sans les organiser vraiment en projet. Ce qui diminue nettement leurs chances de succès.

L'élève apprend à organiser toutes ses activités comme un projet cohérent, avec une date précise de début et de fin, avec un produit final vérifiable.

Entraînement 3 – Choisir une personne comme équipier

Une équipe, ce sont des personnalités que l'élève doit coordonner.

L'élève s'exerce à composer une équipe de 6 personnes parmi une liste de 24 personnes à compétence égale. L'entraîneur lui donnera des conseils de choix.

Entraînement 4 – Organiser une réunion d'équipe

La réunion est un excellent outil, mais que beaucoup d'élèves manipulent spontanément mal.

L'élève apprend à organiser une réunion d'équipe productive. Il apprend à être un président qui préside, à accorder et à retirer la parole à un participant. Il s'exerce à faire respecter un agenda et un horaire. Il s'entraîne à faire prendre une décision collective.

Entraînement 5 – Être assertif

Il faut que l'équipe aille là où l'élève veut qu'elle aille.

L'élève apprend l'assertivité. Il apprend à faire valoir son point de vue et à l'imposer, s'il est sûr de lui. L'entraîneur organise des réunions où l'élève est testé pour cette compétence.

Entraînement 6 – Utiliser un logiciel simple de travail en équipe

Si l'équipe est grande et distante, si elle gère un projet long et complexe, un support logiciel est souvent utile.

L'élève est entraîné à l'utilisation du logiciel Outlook ou similaire pour gérer un groupe de travail : agendas partagés, délégation de tâches, gestion de rendez-vous, suivi des résultats, etc.

Entraînement 7 – Signer une convention de travail en équipe

Vous avez intérêt à formaliser les conditions et les règles de travail en équipe une fois pour toutes et par écrit, afin de ne plus devoir vous en occuper par la suite.

L'élève s'entraîne à remplir avec son équipe un document de convention de travail où sont convenus en consensus les modes de communication et les procédures de travail ensemble.

Entraînement 8 – Coordonner vos tâches et vos ressources

Un changement majeur est souvent un projet à long terme auquel beaucoup de monde doit contribuer.

L'élève apprend à gérer un projet d'équipe en le divisant en activités et en tâches, en planifiant les tâches successives et les résultats intermédiaires.

Entraînement 9 – Gérer des dossiers en équipe

Pour éviter les malentendus et les répétitions.

L'élève doit définir un glossaire pour mieux communiquer, pour mieux automatiser le travail de son équipe. Il choisit les dossiers les plus fréquents que son équipe traite en commun. Il décide d'un seul nom officiel pour chacun de ces dossiers. Ce nom exact devra impérativement être utilisé par tous sous la rubrique « sujet » de chaque message relatif à ce dossier.

Entraînement 10 – Organiser la délégation

Vous ne pouvez progresser que si vous parvenez à déléguer avec la même qualité que si vous faisiez vous-même.

L'élève apprend à déléguer. Il choisit ses dix délégués, personnes avec qui il va traiter certains dossiers en commun. Un délégué est une personne qui a obligation, ou qui a intérêt, à faire quelque chose à votre place, en votre nom. La délégation peut se faire vers le haut, vers le bas ou latéralement.

L'élève apprend à donner clairement des autorisations à chacun de ses délégués, par exemple, répondre à un message relatif à tel dossier, assister en votre nom à telle réunion, effectuer une tâche.

Entraînement 11 – Organiser un agenda commun

La cohésion d'une équipe passe par la transparence de ce que fait l'autre, quand et avec qui. Vous devez savoir, pour votre équipe proche, qui fait quoi, à quel moment, avec qui et pourquoi.

L'élève s'entraîne à organiser la transparence des emplois du temps de son équipe. Il apprend à mettre les agendas en réseau pour que chacun puisse voir l'emploi du temps des autres membres de l'équipe. Dans l'agenda d'équipe, il faut signaler clairement les périodes où les personnes désirent travailler seules ou en dehors de l'équipe et les périodes où elles sont disponibles pour un travail collectif, des réunions, des appels téléphoniques ou encore des visiteurs impromptus.

Entraînement 12 – Gérer le savoir de l'équipe

Pour ne pas refaire deux fois la même chose, pour savoir ce que l'autre sait.

L'élève apprend à se servir de la méthode Intranet Indira pour partager tout le savoir dans son groupe, dans son équipe. Il s'entraîne à organiser le partage du savoir dans une équipe. Il demande à chacun des membres de l'équipe de publier un site Web personnel sur le réseau Intranet. Tous ces sites Web devront être structurés de la façon suivante :

– mes responsabilités et ma description de poste ;

– mes objectifs annuels et trimestriels ;

– mon tableau de bord, mes six indicateurs clef de succès ;

– les 20 questions fréquentes pour lesquelles j'ai la réponse et qui pourraient vous intéresser ;

– la liste de tous les problèmes que je peux résoudre et comment je les résous d'habitude ;

– la liste des groupes de nouvelles auxquels je contribue ;

– mes projets actuels.

Entraînement 13 – Faire un tableau de bord d'équipe

C'est le meilleur moyen de construire un esprit d'équipe.

L'élève apprend à réaliser un tableau de bord d'équipe. Il choisit les principaux critères de performance pour son équipe et demande les critères choisis par chacun des membres de l'équipe. Il sélectionne les douze principaux critères de performance qui recueillent le consensus de toute l'équipe. Il vérifie ensuite que ces critères sont mesurables trimestriellement et qu'ils :

– supportent les objectifs assignés à l'équipe et sa mission ;

– couvrent l'ensemble des activités significatives de celle-ci ;

– soient équilibrés entre le court et le long terme ;

– montrent l'état des ressources de l'équipe ;

– reflètent bien la satisfaction des clients internes et des membres de l'équipe.

Entraînement 14 – Se mettre d'accord sur quelques objectifs mesurables

On ne peut pas améliorer ce qu'on ne peut pas mesurer. C'est d'autant plus vrai, s'il faut le faire ensemble.

L'élève et son équipe doivent être d'accord sur l'ordre de priorité de ses six objectifs. Il apprend à faire deviner aux membres de son équipe ses propres critères de succès. Il note les six critères de succès de son équipe, ceux sur lesquels il aimerait être jugé et les classe par ordre d'importance. Il demande ensuite à chacun de deviner ce qu'il a noté sur le papier, c'est-à-dire les noms exacts de ses six critères et leur ordre d'importance. Si ses équipiers ne devinent pas exactement tous ses critères de succès et leur ordre précis d'importance, il est probable que son équipe éprouvera des difficultés à se comprendre et à travailler ensemble.

Entraînement 15 – Organiser la salle d'équipe ou de projet

La salle d'équipe représente la mémoire collective de l'équipe. Les performances communes sont affichées.

L'élève doit avoir de bons tableaux de bord pour piloter son équipe et son projet. Son équipe doit avoir les réponses mesurables à toutes les questions qu'elle pourrait se poser au cours du projet.

L'élève apprend à organiser une salle d'équipe. Il choisit une salle de réunions et prépare douze panneaux muraux, de 1 mètre sur 0,70 mètre, qu'il accroche aux murs : trois noirs, trois rouges, trois bleus et trois blancs. Il note en titre des panneaux les questions importantes de gestion pour son équipe et pour son projet.

Sur les trois panneaux noirs	Sur les trois panneaux bleus	Sur les trois panneaux blancs	Sur les trois panneaux rouges
Allons-nous atteindre nos objectifs ?	Réduisons-nous nos coûts et nos délais ?	Suivons-nous nos plans ?	Satisfaisons-nous notre hiérarchie ?
Sommes-nous en danger ?	Augmentons-nous notre qualité ?	Comment vont nos grands projets ?	Satisfaisons-nous nos « clients » ?
Comment vont nos résultats ?	Augmentons-nous notre productivité ?	Quelles sont les décisions à prendre ?	Comment sont les facteurs qui influencent nos performances ?

Entraînement 16 – Se mettre d'accord sur les règles du jeu

Pour éviter beaucoup d'incompréhensions et de malentendus.

L'élève apprend à clarifier les règles du jeu avec l'équipe. Dans cet exercice, il note, pour chacun des membres de son équipe, les critères selon lesquels il les juge. Il demande ensuite à chaque membre de l'équipe de noter les six critères sur lesquels il croit être jugé. La concordance entre les deux listes doit être la meilleure possible pour constituer une bonne équipe.

Entraînement 17 – Rédiger quelques processus communs

Pour donner une réponse commune d'équipe aux demandes externes.

> *L'élève apprend à organiser la qualité du travail en équipe, en créant une bible d'équipe. Il demande à son équipe de faire ensemble la liste des vingt problèmes, demandes, questions les plus fréquents qui peuvent se poser à chacun de ses membres.*
>
> *Pour chacun de ces problèmes, il demande de rédiger ensemble une check-list de ce qu'il faut faire pour résoudre le problème, pour répondre à la question ou à la demande. Le but est de mettre l'équipe d'accord sur une réaction commune de qualité aux demandes externes les plus fréquentes.*
>
> *Chaque membre de l'équipe note d'abord individuellement les six problèmes / demandes / questions qu'il doit résoudre le plus fréquemment. Il note ensuite, sous forme d'une liste d'actions, comment il résout le problème. L'équipe se réunit ensuite pour arbitrer les meilleures méthodes.*

Fixez-vous des objectifs et mesurez vos performances

Mesurez vos performances d'organisateur d'équipe. Voici quelques exemples d'objectifs :

- obtenir que chaque membre de l'équipe puisse citer sans se tromper les objectifs précis des autres membres ;

- obtenir l'accord de travailler avec moi de toutes les personnes dont j'ai besoin et cela pour un nombre bien défini d'heures par semaine ;

- avoir décidé d'un tableau de bord commun avant trois mois ;

- avoir fait ensemble la liste de toutes les tâches du projet avant trois mois.

Vos plans de progrès

– Votre plan pour former votre équipe :

Listez toutes les compétences dont vous avez besoin autour de vous pour réussir votre projet de performance. Répertoriez toutes les personnes qui pourraient vous y aider, bénévolement ou non. Faites concorder les compétences dont vous avez besoin avec les noms des personnes dont vous pourriez disposer du temps. Notez vos trois prochaines actions pour ce plan :

1..
....

2..
....

3..
....

– Votre plan pour organiser votre projet :

Listez toutes les tâches de votre projet, faites concorder ces tâches avec le nom des personnes dont vous pourriez disposer du temps. Notez vos trois prochaines actions pour ce plan :

1..
....

2..
....

3..
....

– Votre plan pour consolider votre équipe :

Organisez un exercice de construction d'équipe d'un jour. Convenez d'un tableau de bord commun avec quelques indicateurs de performance. Convenez de conventions de communication (règles de réunion, de courrier et de messages, de tableau d'affichage). Notez vos trois prochaines actions pour ce plan :

1 ....
....

2 ....
....

3 ....
....

13

Communiquer mieux sur soi

Être le meilleur n'est pas valorisant ni amusant si l'on ne sait pas le faire savoir, si l'on ne sait pas se vendre, si l'on ne sait pas en tirer profit.

Vous devez apprendre à maîtriser les techniques commerciales, les techniques de vente. Vous devez vous vendre pour obtenir plus de responsabilités, pour mieux vous entendre avec vos collaborateurs, avec vos sponsors. Considérez qu'il y a un vrai marché pour vos performances. Organisez vos « ventes » en suivant quelques règles simples de marketing. Une personne d'élite est un produit, un service comme les autres. Le marketing vous concerne, vous devez en connaître les techniques de base et les adapter à vous en tant que petite entreprise.

Vous devez mieux connaître les clients potentiels de vos performances et de vos résultats. Qui vous achète vraiment ? Votre patron ? Votre adversaire ? Le public ? L'électeur ? Attention ! Vous pouvez vous tromper.

Faites maintenant votre bilan
de commerçant de vos talents

Voici les questions que vous devez vous poser pour
améliorer les ventes de vos capacités.

Que sont vos « produits » ?

*Quels sont les résultats tangibles, vendables, valorisables,
de vos projets ? À quels objectifs mesurables contribuent-
ils ? Quelles règles font-ils respecter ? En quoi votre
« produit » est-il mieux que ce que d'autres proposent ?*

Si vous voulez plus de contrats ou plus de responsabilités, vous devrez le justifier noir sur blanc, avec des
arguments objectifs.

Votre réponse :

Argument de vente **1**..

....

Argument de vente **2**..

....

Argument de vente **3**..

....

Qui sont vos « clients » ?

*Qui sont vos « clients » ? Est-ce votre patron,
vos adversaires, votre public, vos équipiers, l'utilisateur
final de vos performances, vos sponsors, les entreprises,
le monde entier, ... ?*

Vous devez identifier les personnes que vous servez,
qui achètent votre temps, qui vous paient d'une

manière ou d'une autre. Décider de leur ordre d'importance pour passer votre temps et vos efforts surtout avec vos « clients » les plus importants.

Vos réponses :

Classez vos catégories de clients par ordre d'importance pour vous
1.
2.
3.

Vos trois catégories de clients principaux ont-elles des attentes différentes de vous et de vos capacités ?

Si oui, vous devez être attentif à présenter différemment ou à modifier vos performances selon votre interlocuteur.

Vos réponses :

- je présente mes capacités, mes résultats au client …… de la façon suivante …… ;
- je présente mes capacités, mes résultats au client …… de la façon suivante …… ;
- je présente mes capacités, mes résultats au client …… de la façon suivante ……

Satisfaites-vous vos « clients » ? Quels sont les aspects de vos capacités qui les satisfont ? Quels sont ceux qui leur plaisent le moins ?

Ne confondez pas qualité de vos travaux et satisfaction de vos clients. Souciez-vous un peu plus de ce que pensent les gens qui vous utilisent, qui votent pour vous. Apprenez les techniques de base de la vente, même si vous pensez que vous n'avez rien à vendre. Passez beaucoup de temps avec votre client, avec votre public, pour bien comprendre ce qui va lui plaire.

Vos réponses :

Aspects de mes capacités qui plaisent le plus à mes clients :	
1.	
2.	
3.	

Aspects de mes capacités qui plaisent le moins à mes clients :	
1.	
2.	
3.	

Qui sont les clients de vos trois principaux clients et qu'attendent-ils d'eux ?

Pensez aux clients de vos clients, au patron de votre patron. Demandez-vous ce que le patron de votre « client principal » attend de lui, vous le comprendrez mieux et vous le servirez mieux.

Votre réponse :

....

....

Comment organisez-vous votre « usine » à résultats ?

Décrivez vos trois principaux processus de travail, de l'identification du besoin d'un client à sa satisfaction.

Faites du marketing comme si vous étiez un produit à vendre. Faites votre travail et prenez vos décisions en pensant à vos clients et à votre public. Organisez vos processus, vos méthodes de travail, en partant des besoins de vos clients et en terminant par leur satisfaction. Pensez toujours à leur bien-être, à ce qui leur plairait, surprenez-les en faisant plus que ce qu'ils attendent.

Vos réponses :

Processus de production de mes résultats :
1.
2.
3.

Comment vous y prenez-vous pour vous faire « acheter » par vos clients, par vos patrons, par vos sponsors ?

Sachez vous faire acheter. Votre client, avant de vous « acheter », se pose les questions suivantes : Est-ce que son « produit » peut me faire du tort ? Quel bénéfice vais-je obtenir si je le laisse faire ? Pour que votre client vous achète vos capacités, vous devez le rassurer. Montrez-lui que vos capacités, vos performances ne lui feront aucun tort. Montrez-lui tous les avantages qu'il aurait à vous demander plus de prestations.

Votre réponse :

....

....

Quelle est votre stratégie marketing personnelle ?
Produire une seule version de vos résultats pour un seul
type de client ? Produire différentes versions
de vos résultats pour différents clients ?
Produire une seule version de vos résultats pour
tous vos clients ?

C'est une décision que vous devez prendre avant de vous vendre. Ceci demande que vous ayez bien défini vos résultats, vos capacités comme des produits à vendre.

Votre réponse :

....

....

Comment organisez-vous vos ventes ?

Quel est votre argumentaire de vente pour ce que vous
faites ? Pour chacune de vos trois performances principales,
donnez trois bénéfices pour vos clients.

N'oubliez pas les arguments émotionnels dans la vente de votre produit. Même les patrons les plus rationnels y sont sensibles.

Vos réponses :

	Performance majeure	Vendue au type de client	Avec comme argument et bénéfice pour lui :
1.			
2.			
3.			

Comment comptez-vous rassurer vos clients de vous avoir acheté quelque chose ? Quelles sont les garanties que vous donnez sur vos services et vos performances ?

Pensez au mauvais aspect de votre produit pour votre client. Il a sûrement des remords de vous avoir acheté quelque chose, sachez le rassurer de temps en temps.

Votre réponse :

....

....

Quelles sont les marques, les logos de vos produits et de vos services ? Qu'avez-vous organisé pour qu'ils soient vite reconnus et identifiés ?

Donner un nom ou une marque à vos travaux ou à leurs résultats : par exemple, « Projet Octobre Rouge ». Choisissez-leur une caractéristique qui les différencient des projets concurrents. Mettez en évidence le fait d'être indispensable pour la réussite de ceux qui vous achètent.

Votre réponse :

....

....

*Quel est votre nouveau produit ou service ou compétence,
quelle est la nouvelle performance que vous sortirez
cette année ?*

Préparez déjà votre prochain produit. Vous ne ferez pas toujours le même projet toute votre vie. Préparez-vous de nouvelles compétences. Sortez un nouveau produit tous les deux ans. Faites-vous-en dès maintenant le spécialiste, le connaisseur, le chef idéal d'autre chose que ce que vous faites actuellement. Et faites-le savoir.

Votre réponse :

■ mon prochain produit est ……. Il sortira le …….

*Comment avez-vous organisé la promotion de
vos performances et de vos résultats ?*

Faites la publicité de votre équipe, de votre projet, de vos travaux, de vos futurs résultats, comme si vous étiez une entreprise. Préparer une simple brochure sur vos projets, sur vos travaux, comme s'ils étaient des produits à vendre. Faites la liste de tous les médias internes que vous pourriez utiliser et de leurs responsables : réunions, Intranet, journaux, etc.

Intervenez publiquement sur vos travaux. Proposez des articles sur vos travaux aux journaux internes. Développez votre site Intranet. Prévoyez un budget « publicité interne » de 5 à 10 % de votre budget global.

Votre réponse :

	Média	Action promotionnelle
1.		
2.		
3.		

Comment fixez-vous vos prix ?

*À quel prix allez-vous valoriser vos compétences,
vos performances ?*

Adaptez vos tarifs aux prix du marché pour ce type de compétences. Décidez si vous devez baisser le prix de votre produit, c'est-à-dire ne rien demander au-dessus de ce qu'on vous donne, ou si vous devez augmenter le prix de vos compétences, c'est-à-dire demander plus de personnes, de temps, de budget que prévu, etc.

Votre réponse :

....

....

Comment allez-vous adapter la technique du prix interne à votre cas ? Allez-vous demander pour vos compétences un prix fort (plus que l'offre), un prix de pénétration (moins que l'offre), un prix de parité (le prix du marché) ou un prix « coût-plus » (le coût de votre performance et de vos travaux plus 15 %) ?

Appliquez ce que les gens du marketing appellent la technique du *pricing* interne. Si vous vous sentez en force, augmentez vos prix : votre produit en sera sans doute encore meilleur. Demandez plus de moyens ou plus de délais.

Si vous n'êtes pas connu ou si vous êtes nouveau, faites un prix de pénétration : refusez les aides, allez plus vite que prévu, faites avec moins que le budget.

Votre réponse :

....

....

Comment organisez-vous votre distribution ?

Comment avez-vous organisé les canaux de distribution pour vos services et vos compétences ?

Occupez le terrain. Montrez souvent vos produits et services à vos clients. Établissez une liste des réunions, des rapports, des mails où vos résultats doivent absolument apparaître. Faites la liste des réunions auxquelles vos clients assistent et travaillez à y obtenir des présentations de vos projets.

Vos réponses :

- je livre mes capacités aux autres par les moyens suivants : ...... ;

- je me fais connaître en organisant les choses suivantes : ......

Avez-vous demandé à tous vos clients d'ouvrir un dossier au nom de votre projet dans leur messagerie ?

Dites-leur que vous leur enverrez régulièrement des nouvelles de vos résultats mais qu'ils ne seront pas dérangés car Outlook mettra automatiquement ces messages au nom de votre projet dans leurs dossiers respectifs, sans passer par leur boîte de réception.

Votre réponse :

....

....

Comment avez-vous organisé votre présence sur Internet et sur les Intranets de votre organisation ?

Pour mieux vous vendre, votre rubrique Intranet « Voici comment mon équipe peut vous aider et les bénéfices que vous aurez de nos performances » doit être bien remplie.

Votre réponse :

....

....

Comment vous êtes-vous organisé pour livrer régulièrement des résultats partiels de vos travaux ?

Tous les trimestres, sortez quelque chose d'évaluable, d'utile pour vos clients.

Votre réponse :

....

....

Comment vous êtes-vous organisé pour créer un mini-événement par semestre autour de votre projet, autour des résultats de vos travaux ?

Il est important qu'on parle régulièrement de vous. Par exemple, n'hésitez pas à impliquer deux autres projets ou équipes connexes sur un thème commun. Par exemple, invitez un conférencier externe sur votre sujet.

Votre réponse :

....

....

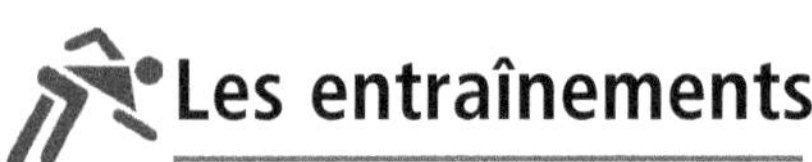# Les entraînements

Voici quelques exercices parmi lesquels vous pouvez choisir vos entraînements en fonction de vos besoins.

Entraînement 1 – Contactez vos clients

Les résultats de ventes sont souvent proportionnels au temps de contact avec le client.

L'élève choisit trois « clients » avec un ordre de priorité. Il s'organise pour avoir au moins un contact avec l'un d'eux chaque semaine ou à augmenter son temps de contact de 20 %.

Entraînement 2 – Créer vos produits pour qu'il se vende

Pour bien se vendre, un produit, un résultat, doit se travailler. Souvent, l'élève pense que ses capacités vont se vendre toute seule, simplement parce qu'elles sont bonnes. C'est une erreur.

L'élève doit répondre aux questions suivantes avant de « créer » son produit, ses performances, son spectacle :

– les bénéfices de mes performances se voient-ils ?

– les bénéfices de mes performances sont-ils rapides ?

– mon produit est-il facile à comprendre ?

– mon produit est-il compatible avec la mentalité de mon patron, de mon entreprise ?

– mon produit est-il changeable, s'il ne convient pas ?

– mon produit est-il facilement disponible ?

– mon produit est-il « achetable » par partie ?

S'il répond bien à toutes ces questions, il aura un produit qui se vendra bien et qui se paiera cher.

Entraînement 3 – Adapter vos produits

Dites-vous que vous êtes un simple produit interne ou externe vendu à un client interne ou externe.

L'élève doit trouver une marque, un logo pour ses capacités. Il apprend à produire plusieurs versions de ses résultats en fonction des divers clients qu'il sert.

Entraînement 4 – Comment vendre n'importe quoi à n'importe qui

Les techniques de vente sont essentielles dans tous les domaines de performance.

L'élève apprend à vendre un objet ou un service à une personne qu'il ne connaît pas.

Entraînement 5 – Avoir une stratégie de victoire

Bien des compétitions sont des concours par élimination.

L'élève apprend la stratégie de base de la guerre en jouant à divers jeux de guerre et simulations de batailles.

Entraînement 6 – Analyser vos compétiteurs

Même là où la compétition n'est pas organisée en tant que telle, vous avez des compétiteurs.

L'élève apprend à analyser un compétiteur, un adversaire. Il apprend à prédire ses réactions en fonction de ses comportements précédents et des tests de comportement qu'il va lui faire subir. L'exercice comporte une analyse des forces et des faiblesses comparées.

Entraînement 7 – Trouver votre différence

Votre différence est votre raison d'exister.

L'élève apprend à se forger une personnalité, à choisir une différence entre lui et les autres. C'est un positionnement stratégique qu'il va exploiter.

Entraînement 8 – Penser clients même si vous n'en avez pas formellement

L'élève n'a pas de clients au départ. Il faut donc le motiver à penser comme s'il avait des clients à servir par ses capacités.

L'élève apprend ce qu'est un « client » au sens large, il apprend à connaî-tre intimement les gens à qui il doit « vendre » quelque chose. Il fait la liste de ses 10 « clients » les plus importants et s'exerce à mesurer leur satisfaction par rapport aux services qu'il rend. Il apprend à « produire » des comportements qui satisfont ses « clients » tout en en tirant un béné-fice pour lui.

Entraînement 9 – Utiliser tous les médias

C'est un canal indispensable de distribution des compétences de l'élève.

L'élève apprend à se servir des médias internes ou externes pour diffuser ses idées et ses résultats. Il apprend à gérer les relations avec la presse et les journalistes pour mieux se vendre aux lecteurs et spectateurs.

Fixez-vous des objectifs et mesurez vos performances

Voici quelques exemples, quelques idées classiques pour vous fixer des objectifs :

– organiser au moins trois contacts par trimestre avec mes trois clients principaux ;

– produire au moins trois articles sur mes performances tous les trimestres ;

– produire un nouveau produit, une nouvelle performance tous les ans ;

– augmenter le prix de mes résultats de 10 % par an ;

– augmenter mes « ventes » de 10 % par an, mesurer par le budget, les responsabilités qu'on me confie.

Vos plans de progrès

Votre plan d'amélioration de la présentation de vos services. Noter vos trois prochaines actions :

1 ....
....
2 ....
....
3 ....
....

Votre plan d'amélioration de distribution de vos services à votre marché. Noter vos trois prochaines actions :

1 ....
....
2 ....
....
3 ....
....

Votre plan pour mieux fixer vos prix. Noter vos trois prochaines actions :

1 ....

....

2 ....

....

3 ....

....

14

Améliorer votre plan d'affaire

Dans le monde des meilleurs, vous êtes « en affaires ». Vous êtes en compétition avec les autres parce qu'il y a un marché. Les autres veulent les mêmes ressources que vous : les budgets, le temps du patron, les aides des services de support, les bureaux, les mandats, les places, les récompenses. Vous devez donc avoir des arguments solides, c'est-à-dire une rentabilité mesurée, un plan d'affaire, montrant la rentabilité que vous donnerez aux ressources, si elles vous sont confiées, sera meilleures que si ces mêmes moyens sont donnés à quelqu'un d'autre.

Les meilleurs sont de véritables entreprises. De très petites entreprises mais des entreprises à part entière. Et toute entreprise a un plan d'affaire. Savoir faire un plan d'affaire est essentiel pour une personne, qui veut changer, qui veut réaliser une performance dans un domaine particulier. Vous pouvez l'appeler « plan d'action », « plan de bataille », « plan d'affaire », « plan de progrès », c'est un plan, c'est une technique.

Pourquoi devez-vous remplir le questionnaire d'un modèle de plan d'affaire personnel ? Vous avez certainement fait des plans. Il faut les tester. Il faut faire le bilan de votre plan. Pour faire un bon plan, que ce soit pour vous, pour votre équipe ou pour vos projets. Pourquoi faire un plan d'affaire personnel, à votre niveau ? N'est-ce pas pour les grandes entreprises ? Non, pas uniquement. Un plan se fait aussi à votre échelle personnelle. Pour rendre vos projets plus rentables, pour obtenir plus de responsabilités et, pour certains, pour gagner la compétition. Pour cela, vous devez adapter les techniques des plans d'affaires d'entreprise à vos besoins, à votre niveau.

Faites un plan pour montrer à vos sponsors, à vos supérieurs que vous connaissez la valeur de vos capacités. Pour les convaincre de la profitabilité de votre job. Vous devez répondre aux questions d'un plan d'affaire pour montrer que vous pouvez faire du profit, pour montrer que vous êtes compétitif par rapport aux autres, pour avoir des arguments pour demander plus de moyens, plus de pouvoir.

L'outil « plan d'affaire » est applicable aussi bien à l'intérieur qu'à l'extérieur de votre organisation : vous avez des clients internes, vous avez des compétiteurs internes, vous devez financer vos activités, vous avez des capacités que vous vendez, vous réalisez des pertes et des profits.

Vous allez créer ce plan avec vos prévisions d'investissements et de résultats. Vous pouvez le faire à différents niveaux : pour vous-même, pour votre équipe ou pour chacun de vos projets. Voici les rubriques obligatoires que doit comporter un plan d'affaire personnel :

– les causes de vos résultats ;

– vos produits, vos capacités ;

- vos marchés, vos concurrents ;
- vos méthodes de ventes ;
- les causes de vos coûts ;
- vos processus de production ;
- vos processus de vente ;
- vos processus d'administration ;
- vos compétences et celles de votre équipe ;
- votre évaluation des risques de ne pas réaliser vos promesses ;
- votre point de profitabilité, votre flexibilité ;
- vos besoins en personnel et informatiques ;
- les sources de vos ressources financières et non financières.

Faites maintenant le bilan de vos plans

Voici les questions importantes auxquelles vous devez répondre pour faire votre propre plan de progrès. Servez-vous des réponses que vous avez déjà données dans les chapitres précédents pour remplir ce questionnaire de synthèse.

Qui sont les clients potentiels de vos capacités, de vos performances ? Notez leurs noms. Sont-ils des clients internes ou des clients externes à votre organisation ? Pourquoi vous paient-ils ? Que vous achètent-ils ?

Pour réussir votre plan, il faut parfaitement connaître vos dix clients potentiels les plus importants.

Votre réponse :

....

....

*Quels sont vos produits, vos capacités, vos performances ?
Notez leurs noms. Combien d'unités en produisez-vous
par mois ? Pour quelle clientèle ?*

Vous devez définir les propriétés, les caractéristiques
des services que vous rendez aux autres.

Votre réponse :

....

....

*Quelle est, quelle sera la qualité de vos produits ? Décrivez
précisément les standards de qualité mesurables que vous
comptez respecter pour chacun de vos produits / services.*

Dans un bon plan, vous devez définir les critères de
qualité auxquels vous allez soumettre vos services
avant de les mettre sur le marché. Vous devez aussi
définir à qui vous allez déléguer ce contrôle de
qualité.

Votre réponse :

....

....

*Quel est votre marché ? Pouvez-vous « vendre » vos
produits / services à plus de personnes ?*

Vous devez penser marché interne ou externe à votre
organisation. Il est fort probable que plus de monde

pourrait être intéressé par les produits et les services que vous produisez.

Votre réponse :

■ je pourrais proposer mes capacités à ……

Quelles sont les compétences, les collaborateurs dont vous avez besoin ?

Oubliez que vous avez déjà une équipe et listez les compétences dont vous avez besoin pour réussir votre plan, comme si vous partiez de rien. Précisez si ces compétences doivent être dans votre équipe ou simplement disponibles à la demande. Établissez le profil type des personnes dont vous avez besoin pour atteindre vos objectifs.

Ne vous embarquez pas dans des promesses de résultats, si vous ne vous êtes pas assuré au préalable d'en avoir les moyens. Assurez-vous d'abord que vous avez à votre disposition les compétences et les collaborateurs que vous estimez nécessaires à votre réussite.

Votre réponse :

....

....

Quelle est la valeur de vos collaborateurs actuels ?
Répertoriez vos collaborateurs et donnez à chacun
une cotation dans chacune des catégories suivantes :

Motivation : de AAA à B.
Compétence : de AAA à B.
Disponibilité : de AAA à B.

Productivité : de AAA à B.
Qualité : de AAA à B.

Disposez-vous des ressources nécessaires à la réussite de votre plan ? Recrutez des compétences, si elles vous manquent. Séparez-vous des collaborations dont vous n'avez pas vraiment besoin.

Votre réponse :

....

....

Quel est le nom et l'adresse de votre projet, de votre affaire, de votre équipe, de votre performance. Quel est le nom de marque de votre mission et de vos trois plus importants projets ?

Créez votre propre en-tête. Mettez-là sur tous vos mails et sur toutes vos présentations. Donnez une adresse à votre affaire. Faites-en une marque.

Votre réponse :

....

....

De combien avez-vous besoin ?

Oubliez un instant le budget dont vous disposez, les limitations de ressources qu'on vous impose. Pensez plutôt à combien d'argent vous avez besoin pour réaliser ce que vous voulez.

Ce n'est pas nécessairement le budget qu'on vous accorde ou que l'on a accordé à votre prédécesseur qui est le bon. Vous devez penser plan de bataille et établir votre propre budget, avant même de regarder celui qu'on vous donne. Si votre plan est bien construit, il est fort probable que le budget demandé vous sera accordé. Simplement parce que votre plan montre que vous allez faire fructifier ce qu'on vous confie.

Votre réponse :

....

....

Faites la liste de toutes les dépenses nécessaires pour réussir vos projets. Combien vos clients pourraient-ils dépenser pour obtenir les fruits de vos travaux ?

Pour prouver votre rentabilité, pour prouver l'intérêt que les gens ont à vous confier plus de responsabilités et plus de ressources, vous devez demander une grande liberté quant aux dépenses.

Votre réponse :

....

....

Répertoriez les revenus, les gains, les économies potentielles qui seront générés grâce à vos projets, grâce à vos services. Que perdrait-on, si vous deviez cesser de produire vos résultats ?

Prévoir vos gains est essentiel. Si vous avez trop de difficultés à les évaluer, placez le total de vos revenus prévisionnels à 15 % au-dessus de vos dépenses totales et montrez que vous allez y arriver.

Votre réponse :

....

....

Quels sont les risques de votre plan ?

Décrivez honnêtement les risques à ne pas respecter vos promesses de dépenses, de revenus ou de résultats. Décrivez les risques de dépenser plus que prévu, les risques de gagner moins que prévu et les risques que les résultats soient de moindre qualité que prévu.

Avertissez toujours clairement vos sponsors, vos chefs, vos investisseurs, des risques qu'ils courent en vous confiant la responsabilité de dépenser leurs ressources en leurs noms. Estimez ces risques vous-même, ils ne vous en feront que plus confiance.

Votre réponse :

....

....

De quelles informations avez-vous besoin pour réussir votre plan ? Listez toutes les questions dont vous devez avoir la réponse pour bien exercer vos responsabilités.

Si vous n'avez pas les bonnes informations pour travailler, c'est-à-dire celles que vous demandez plutôt que celles qu'on veut bien vous donner, n'acceptez pas le poste.

Votre réponse :

....

....

Comment allez-vous livrer vos performances et vos résultats à vos clients ?

Ce n'est pas un détail. L'emballage, la distribution de vos services, de vos capacités, sont très importants pour vos résultats. Prouvez que vous avez un plan pour cela aussi.

Votre réponse :

....

....

Comment produisez-vous vos produits et vos services ?

Décrivez vos trois principaux processus, avec, pour chacun, les besoins ciblés des clients, les principales étapes de production, les coûts par activité, les coûts fixes et variables, les sous-traitances.

Une description précise et crédible de vos processus de production donnera plus de crédibilité à vos promesses.

Votre réponse :

....

....

Quelles sont les conclusions de votre plan ? De combien de moyens avez-vous besoin ? Que promettez-vous en retour à ceux qui vous les confieraient ?

Établissez votre plan sérieusement. C'est le meilleur outil pour obtenir plus d'autonomie. Tous les candidats à des postes d'élite le savent.

Vos réponses :

■ résumé des moyens demandés ;

....

....

■ résumé des résultats promis.

....

....

Les entraînements

Entraînement 1 – Partir d'un modèle de plan propre à votre carrière

L'élève ne doit pas réinventer la roue, il existe de bons modèles de plans d'affaires pour toutes les carrières : tennisman, footballeur, manager, artiste, officier, politicien, etc.

L'élève doit trouver dans ses livres de référence tous les plans de performances qu'il peut : plans d'affaires, plans de bataille, plans de campagne, tableaux d'entraînement d'athlètes. Il s'exerce à en extraire la structure et les différentes parties.

Entraînement 2 – Présenter clairement la rentabilité qu'il y a à vous faire confiance

Pour votre carrière, vous aurez besoin de moyens. Il faut donc que quelqu'un qui croit en vous vous les donne. Il vous les donnera s'il croit qu'il aura un bénéfice, moral ou financier, à le faire.

L'élève s'exerce à calculer la rentabilité que peut attendre un investisseur qui risque ses ressources en lui. Comment peut-il lui prouver qu'il fait mieux d'investir son argent, son pouvoir, son temps en lui plutôt qu'en un autre ?

Entraînement 3 – Analyser vos plans précédents

Vous devez tirer des leçons de vos plans passés pour les prochains.

L'élève se place cinq ans en arrière et fait le plan de progrès de cette époque. A-t-il tenu ses promesses ? Quelles sont les ressources dont il disposait à l'époque ? Comment les a-t-il fait fructifier ? Ses sponsors d'alors ont-ils été satisfaits ?

Entraînement 4 – Revoir votre plan tous les trois mois

Tout dérapage du plan doit être contrôlé.

> *L'élève apprend, après chaque étape du plan ou après chaque incident, à écrire ce qui n'a pas été, ce qui a été mal fait, ce qui a été oublié.*

Entraînement 5 – Visualiser votre plan de bataille ou de carrière

Pourquoi cet entraînement ? Ce qui est visible est plus motivant.

> *L'élève s'exerce à utiliser un tableau de planification visuel construit à rebours, à partir du résultat désiré.*

Fixez-vous des objectifs et mesurez vos performances

Voici des exemples d'objectifs :

- mon plan de progrès sera prêt dans un mois et il passera tous les tests de qualité d'un bon plan d'affaire et d'un bon plan de bataille ;

- je le présenterai à au moins deux sponsors potentiels par semaine, pendant trois mois. Au moins une personne sur trois à qui je l'aurai présenté serait d'accord d'y investir.

Vos plans de progrès

Vos plans pour vous procurer des modèles de plan de progrès utilisés par des champions dans votre domaine. Notez vos trois prochaines actions :

1 ....

....

2 ....

....

3 ....

....

Vos plans pour définir vos trois principaux produits. Notez vos trois prochaines actions :

1 ....

....

2 ....

....

3 ....

....

Vos plans pour contacter le maximum de sponsors, d'investisseurs potentiels à qui présenter votre plan une fois qu'il sera terminé. Notez vos trois prochaines actions :

1 ....

....

2 ....

....

3 ....

....

Accélérer votre changement

Si vous lisez ce livre, c'est que vous n'êtes peut être pas à la place où vous considérez devoir être. Vous devez donc changer. L'agilité est la plus grande qualité des élites. L'intelligence est souvent mesurée par la capacité d'adaptation d'une personne à une nouvelle situation. Pour progresser vous devrez vous libérer de certaines obligations, de certaines contraintes.

Faites d'abord le bilan de vos libertés, de vos contraintes, de ce qui pourrait vous empêcher de changer, de progresser.

Faites maintenant le bilan de votre capacité de changement

Résumez brièvement vos projets de changement.

Par exemple : changement de pays, changement de co-habitant, changement de métier, projet pour vos enfants, grand projet professionnel, changement d'employeur, changement de catégorie de compétition, changement de personnalité ou de comportement, etc.

Il faut savoir si vous êtes une personne qui organise bien ses changements.

Vos réponses :

Projet de changement actuel	Date de début	Date de fin	Moyens investis	Résultat tangible attendu
Privé A				
Privé B				
Privé C				
Professionnel A				
Professionnel B				
Professionnel C				

Quelles sont vos habitudes, vos routines ?
Quelles sont les choses que vous faites régulièrement ?

Avant de vouloir changer, estimez d'abord la force de vos habitudes et votre niveau d'attachement à la régularité, à la certitude.

Vos réponses :

Décrivez brièvement vos habitudes, vos routines, vos contraintes :
Au lever
Au coucher
En trajet
Vos visites régulières (privées et professionnelles)
Vos vacances régulières
Vos loisirs réguliers en semaine
Au travail
De santé

Sur qui avez-vous de l'autorité (légale, d'influence, d'accord ou de consensus tacite et mutuel) ? Pour lui faire faire quoi ? Et avec quelle force d'autorité ?

Pour changer, il faut d'abord lever des contraintes. Pour cela, estimez vos leviers, vos autorités.

Voici des exemples fictifs, remplacez les par vos réponses :

Cotation de la force d'autorité

5. Légale avec sanction grave, en cas de manquement.

4. Légale ou contractuelle, sans sanction grave.

3. Accord écrit, autorité contractuelle.

2. Accord tacite de longue durée avec peu d'exceptions, mais toujours justifiées.

1. Accord tacite avec exceptions, sans justification.

La personne	Ce que vous pouvez lui demander :	Force d'autorité :
Épouse	Repas du soir	2
Enfant	Débarrasser la table	4
Secrétaire	Trier le courrier	3
Patron	Vous payer, si le travail est fait	3
Ami	Jouer au tennis le samedi midi	2
Employé	Répondre à certaines demandes	4

De qui pouvez-vous recevoir des ordres, des contraintes (légaux, d'influence, d'accord ou de consensus tacite et mutuel) ? Pour vous demander de faire quoi ? Avec quelle force d'autorité ? Quelles sont les personnes qui peuvent vous obliger à faire certaines choses ?

Pour pouvoir changer, il faut souvent d'abord lever certaines contraintes. Pour cela, estimez vos devoirs, vos obligations.

Vos réponses en remplacement de l'exemple fictif :

La personne exemples fictifs :	Ce qu'elles peuvent vous demander :	Force d'autorité :
Épouse	Payer le loyer	3
Enfant	Payer l'éducation	4
Secrétaire	Donner des congés	3
Patron	Doubler les ventes	3
Ami	Jouer au tennis le samedi midi	2
Employé	Donner des objectifs clairs	4

Êtes-vous libre ? Quelles sont vos limites ? Quelles sont les limites que vous vous êtes mises vous-même ?
Estimez-vous que vous devriez augmenter votre liberté ?
Êtes-vous dépendant ou indépendant ?

Certaines personnes sont très libres, d'autres vivent dans un carcan d'obligations qu'elles se sont souvent créées elles-mêmes. Certaines personnes veulent un haut degré de liberté, ont besoin d'indépendance, d'autres vivent parfaitement sans pouvoir faire de grands choix.

Vos réponses :

Notez-vous de 1 (prisonnier, totalement dépendant) à 10 (personne libre, sans obligations, totalement indépendante). Utilisez les secteurs de liberté suivants :

Secteur de liberté	Votre cotation
De salarié à indépendant	
De marié à célibataire	
D'avec enfant à sans enfant	
D'endetté à non endetté	
De sécurité financière à faire à sécurité financière faite	
De frais fixes hauts à frais fixes bas	
De forte dépendance à faible dépendance des autres	
De faible mobilité nationale à grande mobilité internationale	
De bas niveau à haut niveau hiérarchique	
De faible budget à gros budget à disposition	
De nombreux préjugés à aucun préjugé	

Combien de fois avez-vous changé en dix ans ?

Il est utile de savoir si vous êtes une personne très stable ou qui change tout le temps. Quand vous ferez vos plans de changement, vous devrez en tenir compte.

Vos réponses :

Type de changement	Nombre de changements dans votre passé
De compagne (compagnon), d'épouse (époux)	
D'employeur, d'emploi	
De métier	
De lieu de travail	
De logement	
De ville d'habitation	
De pays d'habitation	
De loisir principal	
Du nombre d'enfants	
De gains ou pertes d'argent significatifs	
De médecin de famille	
De modes de dépenses significatives	
De modes alimentaires ou de styles de con-sommation	
De grandes habitudes	
De lieux de vacances principaux	

Quelles sont vos obligations ? Comptabilisez celles que vous avez reçues et celles que vous vous êtes données vous-même.

Pour changer, pour faire carrière, pour atteindre des performances élevées, il faut d'abord bien connaître vos obligations et ensuite travailler à lever celles qui vous freinent.

Vos réponses :

Utilisez la cotation suivante :

1. Aucune obligation, totale indépendance.

2. Léger engagement, faible dépendance.

3. Bon équilibre entre liberté et obligation.

4. Rares exceptions et fautes à l'obligation.

5. Pleine obligation, totale dépendance, sans exception.

Types d'obligations	Votre cotation
Financières : dettes, frais fixes, constitution de pension, épargne	
Relationnelles : fidélité, soutien aux enfants, soutien aux parents	
De temps et de lieu : horaire de travail, lieu de travail, horaire et lieu de loisir, location ou possession de votre habitation principale, location ou possession de votre habitation secondaire	
Contractuelles : contrats de travail, contrats de propriété, contrat de mariage, contrats d'assurance, contrat d'achat	
De santé : médicaments à prendre, suivis, examens réguliers, traitements	
D'entretien : maisons, voitures, pensions	
Morales : paiement des impôts et des taxes, donations, cadeaux réguliers, visites régulières, pratiques religieuses, associations, communautés, codes de circulation	

De quelles contraintes ou obligations devriez-vous vous libérer en priorité pour pouvoir évoluer ?

Cette étape est indispensable pour que vous puissiez porter vos efforts en priorité là où ils sont les plus rentables.

Vos réponses :

J'estime mon niveau moyen de liberté trop bas dans les trois secteurs de liberté suivants :	1.	2.	3.
Je souhaite les faire augmenter dans les deux ans en me libérant des contraintes suivantes :	1.	2.	3.

Notez toutes les obligations non remplies, les exceptions et les délais que vous avez faits à vos obligations, les défauts dont vous avez été « coupable » par rapport à ces obligations, au cours des trois dernières années.

Il y a tellement d'obligations, de lois, de règlements, de contrats, etc., qu'il est impossible de les respecter tous, totalement, tout le temps. Nous les enfreignons tous les jours, nous sommes dans l'illégalité (rouler à plus de 50 km à l'heure en ville, payer les factures à la réception comme le stipule la clause du contrat, etc.). Il est donc difficile de trouver une limite, sa propre limite. Quelles infractions faites-vous quelquefois à vos obligations et aux lois ?

Vos réponses :

	Obligation non respectée totalement	Exemple précis d'exception faite, de non-respect de cette obligation
1.		
2.		
3.		
4.		
5.		
6.		

Faites la liste des investissements que vous avez faits en vous-même au cours des derniers 24 mois pour augmenter votre valeur auprès de votre employeur, de votre sponsor, actuel ou auprès d'un employeur futur.

Il s'agit de faire le bilan de ce que vous avez dépensé pour pouvoir changer, pour acquérir de nouvelles compétences, de nouveaux pouvoirs, mais aussi de nouveaux équipements personnels afin d'augmenter votre productivité. Avez-vous engagé un consultant, un assistant, un secrétariat qui vont vous aider à augmenter vos performances ?

Ne comptez plus sur votre entreprise pour vous fournir ces outils : vous lui êtes de plus en plus infidèle, elle le sera aussi. En début et en milieu de carrière, beaucoup de personnes investissent en eux – formation, matériel, assistance privée – jusqu'à 15 % de leur revenus chaque année.

Vos réponses :

	Année	Montant investi
Investissements en compétences : formation professionnelle, technique, de management, de développement personnel		
1.		
2.		
3.		
Investissements en équipements : bureau, matériel personnel, ordinateur		
1.		
2.		
3.		

Investissements en assistance personnelle (secrétariat, aide ponctuelle), en conseils (avocat, comptable, coach, etc.)		
1.		
2.		
3.		

Quel est votre projet vert actuel ?

Un bon moyen d'évoluer est de décider de réaliser un projet personnel innovant. Ce projet doit être de votre propre initiative et doit apporter, s'il réussit, une amélioration, un avantage à votre équipe, à votre entreprise ou à votre famille. Le projet doit être novateur et ne doit pas faire partie de vos fonctions normales. Donnez un nom à ce projet, un objectif précis et mesurable, une date de début et une date cible de fin de projet. Bloquez 10 % de votre temps pour le réaliser.

Votre bénéfice personnel ? Ce type de projet permet de mettre en évidence concrètement votre personnalité, votre différence, votre créativité.

Tester la qualité de votre projet vert : Est-il de votre propre initiative, en êtes-vous reconnu comme le père, est-ce votre bébé ? Est-il novateur, créatif, différent, risqué ? A-t-il laissé une trace, un résultat durable dans votre fonction, dans votre entreprise ?

Vos réponses :

Nom officiel de votre projet vert	
Description	
Date de début	

Date de fin	
Risques pris	
Résultats tangibles et durables	

 Les entraînements

Entraînement 1 – Reprendre votre liberté

Le monde change constamment autour de vous. Diminuer vos contraintes pour survivre en changeant en vous adaptant plus agilement.

L'élève ne doit pas se laisser aller à la routine. Il s'entraîne à arrêter temporairement l'une de ses habitudes, même la plus tenace.

Entraînement 2 – Tester votre adaptabilité

Pour s'adapter vite et à des situations différentes.

L'élève se place volontairement dans un milieu très différent du sien et analyse ses réactions.

Entraînement 3 – Faites sauter si nécessaire vos trois obligations les plus contraignantes

Pour pouvoir ensuite vous épanouir.

L'élève choisi trois contraintes handicapantes pour son évolution et prend le risque de les abolir d'autorité.

Fixez-vous des objectifs et mesurez vos performances

Quelques indicateurs classiques pour vous donner des idées :

- nombre de changements réussis ;
- nombre d'obligations éliminées ;
- montant des investissements en vous-même ;
- nombre de projets verts terminés ;
- nombre d'autorités acquises.

Vos plans de progrès

Votre plan de réduction de vos obligations. Notez vos trois prochaines actions :

1 ....

....

2 ....

....

3 ....

....

Votre plan d'accélération de vos changements. Notez vos trois prochaines actions :

1 ....

....

2 ....

....

3 ....

....

Améliorer vote qualité de vie

Vous voulez faire carrière. Vous allez vous lancer dans une bataille, dans une compétition, vous allez changer. Vous risquez de perdre, d'être battu. Vous devez au moins préserver une chose : votre qualité de vie à long terme. Vous allez vous fixer des objectifs ambitieux, vous devez donc aussi vous fixer des limites des gardes-fou. Il ne faut pas perdre votre vie à trop vouloir la gagner. Vous pouvez concéder beaucoup, vous pouvez sacrifier beaucoup à votre projet. Mais pas tout, mais pas un minimum de qualité de vie.

Avez-vous actuellement la qualité de vie que vous souhaitez ? Vos projets, votre travail et vos responsabilités n'ont-ils pas déjà diminué votre qualité de vie ? Pour le savoir, recherchez les faits et non vos impressions. Voici quelques questions qui vous aideront à faire un bilan clair et précis de votre qualité de vie.

Faites maintenant le bilan
de votre qualité de vie

Quel est votre budget annuel pour vos loisirs (sorties, week-ends, vacances, télévision, livres, restaurants, etc.) Ce budget représente combien de % de vos dépenses ? Quel est le taux annuel de croissance de ce budget ?

Vous devez savoir si vous consacrez 5 ou 25 % de vos revenus aux loisirs. Vous devez savoir si, comme un certain nombre de personnes, ce budget augmente régulièrement. Si votre budget loisir diminue, vous devez en être conscient. C'est admissible le temps d'un effort mais jamais pour longtemps.

Vos réponses :

- je dépense, avec ma famille …… euros par an pour nos loisirs ;

- ceci représente …… % du total de mes dépenses ;

- ce budget est en augmentation / diminution de …… % par an.

Combien de jours de vacances prenez-vous par an (hors week-ends et jours fériés) ? Comment a évolué ce chiffre dans les cinq dernières années ?

Beaucoup de personnes, une fois leur sécurité financière assurée, se fixent un objectif : le progrès régulier de leur nombre de jours libres par an.

Votre réponse :

- je prends …… jours de vacances par an, en augmentant de …… jours par an.

Quelle est la taille de votre appartement ? La taille de votre bureau ? De combien de m^2 de surface disposez-vous ? Cette surface augmente-t-elle régulièrement ?

Beaucoup de personnes considèrent le fait d'avoir de l'espace à leur disposition comme un élément important de leur qualité de vie. De nombreuses personnes ont des objectifs clairs d'augmenter cette surface, d'augmenter la taille de leur royaume.

Vos réponses :

- je dispose professionnellement, en bureaux, pour moi, de …… m^2, et pour mon équipe de …… m^2 ;
- je dispose en privé (maison, appartement), pour ma famille et moi, de …… m^2 ;
- cette surface, en comparaison d'il y a cinq ans, est en augmentation / diminution de …… %.

Quelle est la distance entre votre logement et votre lieu principal de travail ? Quelle est votre durée moyenne de trajet entre votre domicile et votre lieu principal de travail ?

Avoir un long trajet à faire tous les jours ou devoir loger près de votre travail, alors que vous ne le désirez pas vraiment, sont des éléments en défaveur d'une bonne qualité de vie.

Votre réponse :

- j'habite à …… km de mon lieu de travail principal ;
- je passe …… minutes en moyenne par jour en transport.

*Combien de nuits passez-vous en moyenne par mois hors
de votre lit pour raisons professionnelles ?
Quelle est l'évolution de ce chiffre sur les cinq dernières
années ? Comment planifiez-vous de faire évoluer
ce chiffre dans les cinq prochaines années ?*

Si ces nuits passées en dehors de votre lit ne sont pas
vraiment désirées, c'est un élément en votre défaveur
quand vous évaluez votre qualité de vie.

Votre réponse :

- je passe …… nuits non désirées par mois en dehors
  de mon habitation.

*Combien d'heures travaillez-vous en moyenne par jour ?
Quelle est l'évolution de ce chiffre sur les cinq dernières
années ? Comment comptez-vous faire évoluer ce chiffre
dans les cinq prochaines années ?*

Passé un certain âge ou un certain niveau de fortune,
beaucoup de personnes décident de stabiliser puis de
diminuer progressivement le nombre d'heures
travaillées, surtout celles passées à des tâches qu'ils
n'apprécient pas vraiment.

Vos réponses :

- je travaille en moyenne …… heures par jour et
  …… heures par semaine ;
- ces nombres ont augmenté / diminué de …… % en
  trois ans.

Comment évolue votre efficacité ?

Certaines personnes gagnent de plus en plus mais
travaillent aussi de plus en plus. Ce qui peut signifier
en réalité une perte nette d'efficacité.

Votre réponse :

■ mes gains horaires sont de …… euros, par rapport à …… euros il y a 5 ans ;

Combien d'heures de loisirs prenez-vous en moyenne par jour ? Quelle est l'évolution de ce chiffre sur les cinq dernières années ? Comment planifiez-vous de faire évoluer ce chiffre dans les cinq prochaines années ?

Réserver vos heures de loisirs dans votre agenda est indispensable. Si vous ne le faites pas, votre travail et vos obligations familiales peuvent très bien envahir votre journée.

Vos réponses :

■ je passe en moyenne …… heures de loisirs par jour et …… heures par semaine ;

■ ces chiffres ont évolué de …… % en trois ans.

Quelle est votre liberté ? Êtes-vous de moins en moins libre ou de plus en plus ?

Beaucoup de personnes considèrent que leur liberté est un point important de leur qualité de vie.

Estimez votre niveau de liberté. Attribuez de 1 à 5 points à ces situations :

1. Ne s'applique pas du tout à ma situation.

5. S'applique tout à fait à ma situation.

Situation	Votre cotation
Je suis prisonnier	
Je peux décider aujourd'hui de travailler sur les dossiers que je veux	
Je suis mon propre patron	
Je peux décider de faire ce que je veux demain sans devoir demander de permission	
J'ai assez d'argent pour arrêter de travailler demain si je veux	
J'ai une description de poste claire et des objectifs que j'ai acceptés	
Je suis le propriétaire de mon affaire	
Ces index de liberté ont augmenté / diminué de …… points en trois ans	

Faites la liste des six personnes avec lesquelles vous désirez le plus avoir des contacts fréquents (famille, profession, loisirs, domaine d'expertise, …). Pour chacune d'elle, notez le nombre de minutes que vous passez en moyenne avec elle par mois.

Beaucoup de personnes comptent les points de leur qualité de vie en utilisant comme indicateur le temps passé avec des personnes qu'elles aiment.

Vos réponses :

Personne 1 : ……

Nombre de minutes de contact en moyenne par mois.

Quelle est l'évolution de ce chiffre depuis cinq ans ?

Personne 2 : ……

Nombre de minutes de contact en moyenne par mois.

Quelle est l'évolution de ce chiffre depuis cinq ans ?

Personne 3 : ……

Nombre de minutes de contact en moyenne par mois.

Quelle est l'évolution de ce chiffre depuis cinq ans ?

Personne 4 : ……

Nombre de minutes de contact en moyenne par mois.

Quelle est l'évolution de ce chiffre depuis cinq ans ?

Personne 5 : ……

Nombre de minutes de contact en moyenne par mois.

Quelle est l'évolution de ce chiffre depuis cinq ans ?

Personne 6 : ……

Nombre de minutes de contact en moyenne par mois.

Quelle est l'évolution de ce chiffre depuis cinq ans ?

Les entraînements

Entraînement 1 – On ne peut pas améliorer ce qu'on ne peut pas mesurer

La qualité de vie peut et doit se mesurer pour éviter qu'elle ne se dégrade sans que vous en ayez bien conscience.

L'élève sélectionne, sur une liste de 48 indicateurs classiques de qualité de vie, les six indicateurs qui, pour lui, mesurent sa qualité de vie.

Entraînement 2 – Protéger votre qualité de vie

Votre qualité de vie pourrait être la première victime de vos ambitions.

L'élève doit s'assurer que ses ambitions, que ses plans de progrès ne vont pas mettre en danger sa qualité de vie à long terme.

Entraînement 3 – Tester ce qu'est vraiment la qualité de vie pour vous

Pour bien évaluer ce que vous pouvez et ne pouvez pas sacrifier à votre carrière.

L'élève doit faire la part de l'essentiel et de l'accessoire pour sa qualité de vie, Il teste l'impact de la perte de certains de ses biens, de ses acquis sur sa qualité de vie pour savoir s'ils sont vraiment indispensables à son bonheur.

Fixez-vous des objectifs et mesurez vos performances

Suivez l'évolution de vos indicateurs favoris de qualité de vie. Par exemple :

- je veux ...... m^2 à ma disposition dans un an ;

- je veux ...... index de liberté dans trois ans ;

- je veux voir la personne ...... au moins trois heures par semaine ;

- je veux diminuer mes heures de travail de 5 % par an ;

- je veux augmenter mon nombre de jours de congé d'un jour par an ;

- je veux augmenter mon budget loisirs de 2 % par an.

Faites vos plans

Votre plan pour prendre de plus en plus de congés après avoir atteint vos objectifs primaires. Notez vos trois prochaines actions :

1...

....

2...

....

3...

....

Votre plan pour garantir vos biens les plus essentiels à votre qualité de vie. Notez vos trois prochaines actions :

1...

....

2...

....

3...

....

Votre plan pour redresser rapidement vos indicateurs de qualité de vie les plus dégradés actuellement. Notez vos trois prochaines actions :

1...

....

2...

....

3...

....

Fixer vos objectifs

Ce qui est mesuré est fait. On ne peut pas améliorer ce qu'on ne peut pas mesurer. Toutes les grandes écoles ont un cours ou un entraînement sur la fixation d'objectifs. Les élèves y apprennent comment choisir un objectif mesurable et atteignable, comment planifier les étapes entre ce qu'ils ont et ce qu'ils veulent.

Mais avant de savoir où l'on veut aller, il faut préciser où l'on est et faire un bilan des objectifs qu'on a déjà atteints. Quels sont les faits qui figurent dans votre curriculum vitae ? Quelles traces avez-vous laissé jusqu'à présent autour de vous ? Quels sont vos acquis, vos expériences ?

Faites maintenant le bilan de vos réalisations

Nommer tous vos résultats passés – œuvres, publications, diplômes, titres officiels, récompenses et prix, projets majeurs, créations, inventions – que vous avez déjà gagnés / produits / mérités / signés /obtenus / dirigés dans le passé, dans le secteur privé et professionnel.

N'oubliez pas d'inclure : articles, livres, enfants, entreprises ou partie d'entreprise, championnats, projets, œuvres artistiques, …

Souvent, vous vous apercevrez que vous avez déjà fait pas mal de choses, que vos réalisations personnelles ne sont pas minces. Ce bilan vous aide à mieux avoir à l'esprit vos bases, vos fondations. C'est indispensable pour vous.

Vos réponses :

Vos réalisations personnelles, par ordre d'importance :	
1.	
2.	
3.	
4.	
5.	
6.	

Quelles sont les réalisations, les acquis que vous avez déjà plannifiés ?

Les réalisations que vous comptez finir dans les deux ans :	
1.	
2.	
3.	
4.	
5.	
6.	

Les réalisations que vous aimeriez avoir faites avant de mourir :	
1.	
2.	
3.	
4.	
5.	
6.	

Quels sont les espoirs de jeunesse que vous avez déjà réalisés ? Voyages, famille, fortune, titres, victoires ?

Votre vie peut déjà avoir été bien remplie sans que vous ne vous en soyez vraiment rendu compte.

Vos réponses :

1 ....

....

2 ....

....

3 ....

....

Comme professionnel, quelle est l'étendue de votre réputation ?

Beaucoup de gens ont des objectifs non financiers, des objectifs de réputation. Utilisez les indices suivants pour répondre : les gens connaissent votre nom et vos compétences plus ou moins loin de votre bureau, les gens vous appellent ou viennent de plus ou moins loin pour bénéficier de vos services, de vos avis.

Utilisez la cotation classique

5. Tout à fait vrai.

4. Pour beaucoup de choses.

3. Partiellement vrai.

2. Pour certaines choses.

1. Pas du tout.

Votre réponse	Votre cotation de 1 à 5
Je suis bien connu dans mon unité	
Je suis bien connu dans ma société	
Je suis bien connu dans mon quartier	
Je suis bien connu dans ma ville	
Je suis bien connu dans ma région	
Je suis bien connu dans le pays	
Je suis bien connu dans un autre pays	

Combien d'invitations recevez-vous en moyenne par mois ? Ce nombre d'invitations est-il stable, en diminution ou en augmentation ?

Recevoir de plus en plus d'invitations marque souvent une augmentation de votre réputation.

Vos réponses :

■ assister à un événement : je reçois …… invitations par mois ;

■ présenter quelque chose à un événement : je reçois …… invitations par mois ;

■ présider, diriger un événement : je reçois …… invitations par mois.

*Quelles est l'évolution de votre « livre de presse »
(collection d'articles faisant référence à vous,
à vos compétences, à vos travaux) ?*

Prenez en compte les articles qui vous mentionnent dans les journaux de club et d'entreprise, journaux publics locaux, journaux et magazines régionaux, nationaux et internationaux.

Pourquoi poser cette question ? C'est un indicateur indirect de votre réputation.

Votre réponse :

■ mon livre de presse a …… articles de plus qu'il y a 12 mois.

*Si vous tapez votre nom dans un moteur de recherche
Internet ou Intranet, combien de fois votre nom est-il cité,
sur combien de pages, sur combien de sites différents ?
Combien de mots concernent votre personne et vos travaux
et combien de liens mènent aux pages qui vous
mentionnent ?*

C'est un indicateur indirect de votre réputation.

Votre réponse :

....

....

*Durant les cinq dernières années, quels sont les titres et
les récompenses officiels et publics que vous avez obtenus ?*

C'est un indicateur indirect de votre réputation.

Vos réponses :

1 ....

....

2 ....

....

3 ....

....

4 ....

....

5 ....

....

6 ....

....

Quelles sont les licences, les droits d'auteur, les droits intellectuels que vous possédez ?

Pourquoi poser cette question ? C'est un indicateur indirect de votre réputation.

Vos réponses :

1 ....

....

2 ....

....

3 ....

....

4 ....

....

5 ....

....

6 ....

....

Sous quelle forme tenez-vous l'historique de l'atteinte progressive de vos objectifs ?

Comme les capitaines, les personnes de haut niveau tiennent un livre de bord, un cahier de progrès où elles notent une fois par semaine ce qu'elles ont accompli pendant la semaine écoulée pour faire un pas vers leur objectif.

Votre réponse :

....

....

Les entraînements

Vous venez de faire le bilan de vos réalisations, de votre réputation. Vous savez où vous êtes. Mais savez-vous où vous voulez aller ? Pour cela, il faut décider de vos objectifs. Ces entraînements vous y aideront.

Entraînement 1 – Écrire votre mission personnelle

Pour apprendre à vous définir à long terme, pour une dizaine d'années. Une personne se fixe en général six à sept grandes missions au cours de sa vie. Une mission est un grand but d'amélioration qui laisse une trace et qui vous différenciera des autres. But du plus haut niveau, une mission justifie votre existence et vos efforts durant des années et doit avoir un caractère différenciant.

L'élève apprend à rédiger sa mission privée. Il décrit en une phrase de moins de trente mots sa mission, son but de vie majeur sur dix ans. Par exemple : réussir à ce que mes trois enfants aient un diplôme universi-

taire, monter d'une classe sociale par rapport à mes parents, etc. La charte de la mission est plus performante, si son texte est précis, si son but est utile à un grand nombre de personnes, si sa mission le différencie des autres. Après avoir accompli cette mission, l'élève ne devrait plus être vraiment le même, son monde non plus d'ailleurs.

Entraînement 2 – Écrire votre mission professionnelle

Avoir une mission claire augmente le leadership de l'élève.

L'élève apprend à rédiger sa mission professionnelle. Il décrit en une phrase de moins de 30 mots sa mission, son but majeur de vie professionnelle sur cinq ans. Par exemple : réformer mon département, doubler le chiffre d'affaires de mon unité, etc. Les mêmes principes de qualité s'appliquent aux missions privées et aux missions professionnelles.

Entraînement 3 – Décrire votre journée idéale dans cinq ans

Pour avoir une idée précise de votre cible, si vous voulez vraiment avoir une chance de l'atteindre.

L'élève décrit sa journée idéale dans cinq ans. Il répond aux questions suivantes en une page maximum :

– avec qui vivrez-vous ?

– où vivrez-vous ?

– comment occuperez-vous votre temps en dehors du travail ?

– combien gagnerez-vous par votre travail ?

– combien de personnes travailleront dans votre unité ?

– quels seront vos titres, vos responsabilités ?

– quelles seront vos activités professionnelles ?

S'il a atteint une phase de plateau dans son évolution, dans sa vie et dans son développement personnel, sa journée idéale dans cinq ans sera sans doute très proche de celle qu'il vit actuellement. Son ambition est alors de maintenir ses acquis, de simplement les préserver. Si, par contre, il y a des différences entre la tournée d'aujourd'hui et celle qu'il souhaite dans cinq ans, alors il devra écrire un plan d'action pour combler progressivement la distance entre sa journée actuelle et sa journée idéale.

Entraînement 4 – Écrire votre discours de départ

Une personne de haut niveau veut souvent transformer, améliorer le poste qu'elle occupe pendant quelques années dans son organisation. Quel changement, quelle amélioration ou quelle nouveauté sera attaché à votre nom au cours de votre passage à ce poste ? En quoi se souviendra-t-on de vous dans votre entreprise ? Quelle trace tangible et durable allez-vous laisser ?

L'élève doit rédiger le texte du bref discours qu'il voudrait idéalement qu'on prononce à son départ de ses fonctions professionnelles actuelles.

Entraînement 5 – Écrire la page de couverture de votre biographie

Pour aider les individus qui ont du mal à rédiger leur mission.

L'élève doit écrire la page de couverture de sa biographie. Quel est le titre du livre ? Quel est le sous-titre ? Quel est le texte de la quatrième de couverture ? Il doit se limiter à trois paragraphes de trois phrases. Que veut-il qu'on dise de lui ? S'il devait faire écrire sa biographie, que voudrait-il voir noté sur la couverture du livre ? Il est la femme ou l'homme qui a fait quoi ? Même les choses modestes peuvent être impor-tantes.

Entraînement 6 – Définir vos objectifs

Ce qui est mesuré est fait. On ne peut pas améliorer ce qu'on ne peut pas mesurer. Les objectifs mesurés, quantifiés, ont beaucoup plus de chance d'être atteints que les objectifs quali-tatifs, peu mesurables.

– l'élève doit répondre aux types de questions suivantes :

– comment mesurez-vous l'atteinte de vos objectifs personnels ?

– quel est le nom précis des trois indicateurs qui mesurent l'atteinte de vos objectifs ?

– quels sont vos trois objectifs professionnels cette année et pour les trois prochaines ?

– quels sont vos objectifs privés pour cette année et pour les trois prochaines ?

Entraînement 7 – Choisir vos indicateurs de performance

Le tableau de bord d'un professionnel comporte en général six chiffres : trois sont issus de sa description de poste ou reçus de sa hiérarchie et trois sont choisit par lui-même, en fonction de la façon dont il veut atteindre ses objectifs.

L'élève doit répondre aux questions et aux instructions suivantes :

– en dehors de vos grands objectifs, quel est votre tableau de bord, quels sont vos indicateurs de performance ?

– quels sont les six indicateurs qui pilotent votre vie ?

– si demain vous deviez être payé totalement en fonction de vos performances, sur quoi, sur quels critères mesurables aimeriez-vous être jugé ?

L'élève choisit chaque trimestre trois objectifs professionnels qui, s'ils sont atteints, lui permettront de respecter ses engagements annuels. Ces objectifs doivent être mesurables. Il choisit trois autres chiffres qui représentent mieux ses principaux facteurs personnels.

Entraînement 8 – Tester la qualité de votre tableau de bord

Un tableau de bord de mauvaise qualité est plus dangereux que l'absence de tableau de bord.

L'élève apprend à tester la qualité d'un tableau de bord, d'un choix d'indicateurs. Face à son tableau de bord, il doit être capable de répondre aux questions suivantes :

– quelle est la qualité du choix d'indicateurs ?

– est-ce un tableau de bord qui est motivant ?

– les indicateurs sont-ils mesurables trimestriellement ?

– les indicateurs couvrent-ils toutes mes activités ?

– est-ce que ce sont des indicateurs purs sans excuses possibles pour le responsable ?

– les indicateurs sont-ils équilibrés entre court et long terme ?

– mesurent-ils la satisfaction des clients internes et des collaborateurs ?

– les indicateurs ont-ils des objectifs, des limites et des références ?

– les indicateurs répondent-ils aux questions les plus fréquentes des utilisateurs ?

– accepteriez-vous d'être payé en fonction des performances mesurées par ces indicateurs ?

Entraînement 9 – Définir vos propres valeurs

Définir sa propre vision du succès est indispensable car le succès dans la vie se mesure différemment pour chacun.

L'élève doit donner la définition de son propre succès dans la vie en répondant aux questions suivantes :

– votre succès est-il dû à l'atteinte d'objectifs mesurables ?

– votre succès est-il dû à l'augmentation ou au maintien de votre qualité de vie ?

– votre succès est-il dû à votre changement de classe sociale ?

Allouez 10 points entre ces quatre secteurs classiques de valeur. Comme modèle, utilisez l'allocation actuelle de votre temps et de votre argent entre ces quatre activités, cela vous donnera déjà une bonne idée de vos valeurs.

Valeurs 1 : Argent / Biens matériels / Patrimoine.

Valeurs 2 : Qualité de vie / Plaisirs.

Valeurs 3 : Réputation / Notoriété / Célébrité / Respect.

Valeurs 4 : Pouvoir / Influence / Responsabilités.

Voici trois exemples de choix clairs :

– profil du moine → 0-10-0-0 ;

– profil du banquier → 10-0-0-0 ;

– profil du politicien → 0-0-0-10 ;

– profil de l'artiste → 0-0-10-0.

Quel profil vous donnez-vous actuellement et pour les trois prochaines années ?

Entraînement 10 – Décider de votre tableau de bord personnel

Pour vous définir, pour savoir ce que vous voulez dans la vie.

L'élève doit se déterminer uniquement pour les trois à cinq années à venir : les valeurs changent avec l'âge. Il fait le classement, par ordre d'importance pour lui en ce moment, des vingt-quatre indicateurs de succès dans la vie. La liste de ces indicateurs est ci-dessous. Il commence par distribuer dix points entre chacun des quatre principaux secteurs. Il peut classer un maximum de six indicateurs comme très importants pour lui et un maximum de six indicateurs comme absolument pas importants pour lui.

Au cours de cet exercice, l'élève se sert du modèle de tableau de bord personnel suivant. L'instructeur l'aide à l'adapter à sa situation.

➤ Secteur 1   Qualité matérielle / Richesse

Salaire : revenus nets générés régulièrement tous les mois.

Patrimoine : biens nets (avoirs moins dettes), mobiliers et immobiliers.

Endettement : taux d'endettement par rapport au salaire.

Capacité d'épargne : salaire moins dépenses et remboursement de dette.

Couverture de risques : sommes payées en assurances sociales et couverture de risques.

Liberté financière : capacité à augmenter ses revenus, ses liquidités, en cas de besoin, capacité d'emprunt.

Potentiel d'héritage.

Balance des dépenses : rapport entre nourriture, logement, habillement, loisir, mobilité.

➤ Secteur 2   Célébrité / Reconnaissance / Réputation

Notoriété : renommée, distance parcourue par vos clients.

Œuvres publiques : cotations, référencement, recettes, audience, diffusion.

Médiatisation : livre de presse.

Nombre et qualité des invitations reçues.

Statut social, nombre et qualité de titres détenus.

Honoraires journaliers demandés, si je suis un consultant.

Licences, droits d'auteurs détenus.

➤ Secteur 3   Responsabilités / Pouvoir

Personnes : nombre de personnes en commandement.

Savoir : détention de savoirs rares ou recherchés.

Ressources : possession de ressources rares.

Droits : droit à légiférer, à produire des règlements, à prendre des décisions, droit de vote, budget en responsabilité et dépenses permises.

Index d'attente pour obtenir un rendez-vous d'une heure avec votre patron.

➤ *Secteur 4   Qualité de vie / Bonheur*

Espaces : bureau à disposition, surface habitable.

Loisirs : temps libre, budget loisirs.

Risques : criminalité dans l'environnement, exposition à des nuisances, exposition à des risques.

Contraintes : degré de liberté.

Contacts : nombre et durée des contacts avec des personnes désirées (famille, personnes respectées ou aimées, amis, …).

Évolution des frais médicaux.

Évolution des jours de maladie.

Flexibilité du temps de travail.

Nombre de jours libres par an.

Nombre d'heures libres par jour.

Distance travail / domicile.

Entraînement 11 – Déterminer vos principes, vos limites

Pour aller loin, il faut vous constituer des objectifs forts. Les limites vous serviront de garde-fou.

L'élève fait la liste de ses principes de vie, de ses critères de qualité de vie, en termes de sécurité, de relation, de fierté. Il choisit ses principes et ses limites : trois dans chaque secteur. L'élève se sert du modèle des limites suivant. L'instructeur l'aide à l'adapter à sa situation. Ce modèle est basé sur des exemples récurrents de principes, de standard de qualité d'organisation. Les chiffres ne sont là que pour vous donner des moyennes.

➤ *Santé physique et mentale*

Se laver les dents (2) fois par jour.

Faire (2) heures de (tennis, nage, …) par semaine.

Ne jamais devenir trop gros (poids idéal plus 20 %).

Ne jamais conduire à plus de (140) km à l'heure.

Ne jamais avoir de signes de stress (stade II) sans en traiter la cause.

➤ *Santé financière*

Jamais de dettes.

Ne pas dépenser plus qu'on ne gagne.

Mourir avec pas plus de (100 000) euros taxables en succession.

Faire mieux que mes parents de (1) classe sociale.

Patrimoine toujours en croissance de (5) % par an.

Ne pas devoir gagner plus que nécessaire pour vivre comme je veux.

➤ *Qualité de vie*

Ne pas prendre moins de (8) semaines de vacances par an.

Ne pas travailler après (19) heures.

Ne pas travailler le week-end.

Pas de télévision à la maison, mais (2) sorties par semaine.

Budget maison à (_) des revenus.

Ne pas accepter de travail où je dois diriger des personnes.

Ne pas accepter un travail dans un bureau ouvert.

Travailler à la maison au moins (2) demi-jours par semaine.

Aller au théâtre ou au cinéma (1) fois par mois.

Aller au restaurant (2) fois par semaine.

Pas plus de (4) nuits en déplacement par mois.

Ne jamais travailler à plus de (10) km de chez moi.

➤ *La fierté*

Jamais de patron, sauf les clients.

Une demi-journée par semaine pour soi.

Ne pas accepter de travail, s'il n'y a pas un paiement significatif à la performance de (1/3).

Ne jamais mentir.

Faire au moins (1) œuvre qui sera publique, pour une communauté large : article publié, peinture exposée, cuisine appréciée, maison visitée, etc.

Avoir toujours au moins (1) objectif privé mesurable tous les (3) mois.

Lire (1) livre par semaine.

Connaître pleinement ma technique favorite (voile, bouddhisme, tennis, chinois, violon, cuisine gastronomique, peinture, fiscalité internationale, alpinisme, Internet, etc.).

Ne jamais avoir de principes et saisir toutes les opportunités.

Investir (5) % de ses revenus en soi.

Entraînement 12 – Augmenter votre valeur sur le marché du travail

Pour maintenir ou accroître votre valeur sur le marché du travail, vous devez savoir de combien augmenteraient votre salaire ou vos responsabilités, si vous parliez une troisième langue, si vous étiez plus mobile, si vous connaissiez tel logiciel, etc.

L'élève rédige son Curriculum vitae et le dépose sur le plus de sites Web spécialisés possibles. Il examine ce qu'on lui propose comme responsabilités et comme compensations financières. Il refait le point chaque année ou à chaque changement significatif dans son CV. Il fait le test en variant les contraintes. Il vérifie par exemple ce qu'on lui propose, selon qu'il veut ou pas travailler en dehors de sa ville ou selon qu'il est disposé à travailler n'importe où dans le pays. Il pourra ainsi calculer le manque à gagner pour garder son confort et faire un choix informé.

Entraînement 13 – Évaluer votre niveau de sécurité matérielle, physique et intellectuelle

Beaucoup d'individus analysent leurs risques et les optimisent.

L'élève analyse son niveau de sécurité. A-t-il augmenté ou baissé ces cinq dernières années ? Des exemples de niveaux de sécurité sont analysés : stabilité de l'emploi, équilibre de ses dépenses et de ses revenus, niveau de criminalité dans son environnement, contrats d'assurance, prévisions et planification de ses grands risques, équilibre et diversité de placements de son patrimoine ?

Entraînement 14 – Faire votre Management Cockpit personnel

Les personnes de haut niveau cherchent souvent à construire des tableaux de bord qui répondent à leurs questions et les affichent dans leur bureau ou dans le local de leur équipe.

L'élève doit trouver et mesurer trois indicateurs qui répondent, pour lui, aux questions classiques :

– comment est mon succès dans la vie?

– où en sont mes niveaux de sécurité ?

– de combien de pourcentages augmente mon patrimoine tous les ans ?

– où en sont mes principaux indicateurs financiers personnels ?

– est-ce que ma valeur sur le marché du travail augmente ou diminue ?

– suis-je bien assuré ?

– ma réputation est-elle en baisse ou en hausse ?

– mes responsabilités, mon pouvoir, sont-il en baisse ou en hausse ?

– mes indicateurs de qualité de vie sont-ils en baisse ou en hausse ?

Entraînement 15 – Se présenter sans parler de votre métier, ni de votre famille

Pour savoir exister en dehors de votre métier, de votre travail, mais aussi en dehors des autres.

L'élève fait l'exercice de se présenter en quelques phrases à une personne ou devant un auditoire qui ne le connaît pas. La seule règle est qu'il ne peut parler ni de sa profession, ni de sa famille.

Fixez-vous des objectifs et mesurez vos performances

Voici trois exemples simples :

– avoir un tableau de bord de six indicateurs de performance mesurés tous les trois mois ;

– mesurer trois facteurs causaux pour chacun de mes objectifs principaux ;

– avoir des objectifs équilibrés entre les secteurs de ma vie.

Vos plans de progrès

Vos plans pour fixer vos objectifs à long terme. Notez vos trois premières actions :

1 ....

....

2 ....

....

3 ....

....

Vos plans pour fixer vos objectifs à court terme.
Notez vos trois premières actions :

1 ....

....

2 ....

....

3 ....

....

Vos plans pour choisir vos indicateurs de performance. Notez vos trois premières actions :

1 ....

....

2 ....

....

3 ....

....

Composé par **Style Informatique**

N° d'éditeur : 2956

Imprimé en Allemagne par BoD

www.ingramcontent.com/pod-product-compliance
Ingram Content Group UK Ltd.
Pitfield, Milton Keynes, MK11 3LW, UK
UKHW021254180726
13837UKWH00007B/33